日本唯一の速読芸人
ルサンチマン浅川が書いた！

誰でも速読ができるようになる本

JN110779

戋川（著）

はじめに

私がこの本を書こうと思ったワケ

皆さん、はじめまして。ルサンチマン浅川と申します。本業は「お笑い芸人」です（ちなみに、まだ芸人としてはブレイクをはたしていません！）。

この本は、日本唯一の速読芸人である私が、「速読」（本を速く読む技術）について書いた本です。

ここまで読んで、皆さんの多くは「お笑い芸人」と「速読」、何か関係あるの？ 何でお笑い芸人が速読の本を書いてるの？ と思われたことと思います。

私も何が関係あるのかよく分かりません（笑）。

まずは私のことを、軽く紹介しようと思います。

私は、現在39才（本書執筆時）の男性です。お笑い芸人としては（売れないままですが）、16年の芸歴があります。芸人の高齢化が進んでいる現在、売れてない芸歴16年の芸人は、まだまだ若手といった感じです。

しかし、「速読」に関しては25年のキャリアを積んでいます。25年間、毎日毎日

はじめに

速読トレーニングを欠かさずやっています。

思えば、私が速読に出会ったのは高校1年の時でした。たまたま本屋さんで手に入れた「スーパーエリートの受験術」(著者 有賀ゆう)という本がありまして、その本の中に「速読術を身につけろ!」という項目がありました(ちなみに、この「スーパーエリートの受験術」という本は現在ヤフオクやAmazonでプレミア価格がついています)。

そこで新日本速読研究会という団体が書いた「決定版!速読トレーニング」という本が紹介されていました。

高校1年の私は、この「決定版!速読トレーニング」という本を読んで、あまりの凄さに感銘を受けました。

本を速く読む技術というものが存在することに、15才の私はとてつもない衝撃を受けてしまったのです。

「速読トレーニングを積めば、どんな人でも読書スピードが10倍になる」というコンセプトに感動し、「この本に書かれている、ジョイント式速読法というものをやってみたい!」と純粋に思ったのです。

▼「速読」の本だけでも 300 冊。「読書法」の本を含めるとなんと 700 冊を所蔵！

それからというもの、そのジョイント式速読法の三本柱である「ページ早めくりトレーニング」、「眼球トレーニング」、「視野拡大トレーニング」を、高校時代ずっとやっていました。やり過ぎて、先生や同級生たちには「変わったヤツ」だと思われてました。だって教室でもずっとやってるんですから。

最初は、新日本速読研究会の「ジョイント式速読法」だけをやっていたのですが、私の好奇心というものは尽きないもので、他にも別の「速読法」があるのではないか？と考えるようになりました。

本屋さんに行き、速読のコーナーを一望すると、今度は栗田昌裕氏が書いた「SRS速読法」の本がたくさん売られてました。やっぱり別の速読法もあるんだなと思い、「よし！ この速読もやってみよう」とSRS速読法の本もたくさん買い込んでトレーニングし始めました。

SRSは、ジョイント式とは全然速読に対する捉え方やアプローチが違っていました。

同じ「速読」でも、流派が違えば全然違うんだなと思いました。そして、また別の流派もあるなら調べてみようと考えるようになりました。

気付けば私は、「速読」そのものに興味をもつようになっていたのです。

そこから「速読」に関する本を手当たり次第に買い集めました。

その途中で、大学受験も速読を利用して、早稲田大学に合格しました（ちなみに「数学」は速読ができなかったので東京大学は厳しかったです）。

大学に入ってからも、アルバイトしたお金をほとんど速読本につぎ込みました。

そうこうしてるうちにいつしか私は、「日本で出版された速読本を、すべて手に入れたい」と思うようになっていました。ブックオフやAmazonやヤフオクを利用して、絶版になった速読本をどんどん手にしてきました。「速読」に関する本だけで300冊、「読書法」などを含めると700冊、その他「勉強法」や「能力開発」を含めると1000冊は集めています（本全体の所有数は5000冊以上です）。

気付けば私は周りから「速読狂」と呼ばれるようになっていました。

私はいつしか、「本を速く読むことが、人生のすべてだ！」と考えるようにさえなっていました。

「速読本を研究するために速読をする」という、禅問答みたいな状態になっていました。

そして、年月を重ねるうちに、いつしか私には一つの目標が生まれていました。

「自分の書いた速読本を世間に出したい」

これです。こうなったんです。

インプットを増やし過ぎて、欲望のバケツから水が溢れでるように、「自分で速読本を書いてみたい」と思うようになったのです。

皆さん、25年間速読の研究を怠らなかった人間の書く速読本。ちょっと興味は湧かないでしょうか？

そこで、じゃあ、どういう速読本を出そうか？と考えるようになったわけです。

やはり一番は、「読んだ人が絶対に速読できるようになる本」であるべきだと思いました。

私は速読オタクですが、読んでくれた皆さんには少しでも速読に興味を持って、速読ができるようになって欲しい。そんな思いをこの本にぶつけました。

速読に興味ない方も、ちょっとだけ興味ある方も、この本を手にした以上は、絶対に速読ができるようになって欲しいと思っています。そして、この本をきっかけに、速読のことを好きになって欲しいです。

そういう本を、書きました！

それでは、よろしくお願いいたします!!

ルサンチマン 浅川

目次

日本唯一の速読芸人
ルサンチマン浅川が書いた！
誰でも
速読
ができるようになる本

第二章 速読とは何か？

第三章
日本速読史概論

第四章 ついに公開！ルサンチマン浅川式速読法

第五章 速読をマスターした後の世界

第六章
日本唯一の速読芸人として

資料編
ルサンチマン浅川所有の速読本300冊リスト

第一章

この速読本のコンセプトとは

■速読本にはパターンがある

私は現在、日本で手に入る速読本は、ほとんど所持しています。

だからこそ分かるのですが、「速読本」にはパターンがあります。

そして、コンセプトの薄い速読本は、上級者が見ればすぐ分かります。

皆さんも、もし他の速読本を手にとったことがあるのなら同意していただけると思いますが、多くの速読本の中には、「トレーニング教材」と称するページがあります。四角いブロックだとか、リンゴって文字で書いて裏面の同じ場所にリンゴの絵が描いてあるとか、眼球トレーニングのための黒点をページの至る所に打っているとか。

ほとんどの速読本で、多かれ少なかれ、これが載ってるんです。

この本では、そういうトレーニング教材はカットしたいと思います。

トレーニング教材はなくても、皆さんが持っている文庫本や新書や単行本で速読の練習はできるからです。

そして何より、速読本にありがちなこのトレーニング教材の部分というのは、他の本の流用である場合が多いのです。
だから、敢えて本書では載せていません。

■「脳」の話には敢えて踏み込まない

あと、「脳科学」の話もしません。巷の速読本にありがちなパターンとして「右脳」「左脳」「前頭前野」「言語野」とかの脳科学や医学用語を出して説明することがよくあります。

学術的な見地から速読を語れることは、素晴らしいと思います。ですがこの本は、これもするつもりはありません。私は脳の研究家ではないですし、理論よりも実践が大事だと思うからです。

「速読中に脳がどう働いているか？」を知ることも大事ですが、この本では、「実際に速読できるようになるかどうか？」に比重を置いていきたいのです。

だって、読んだ人が「速読できるようになる」が速読本の最重要事項ですからね。

脳の働きを知ってたことが、速読力をアップすることには直接は繋がらないからです。

確かに、上級者向けの本ならアリだとは思います。

しかし、この本は、「速読が全くできない人が速読できるようになるための本」、もしくは、「速読に興味があって何回かやってみたけどイマイチできなかった人のために書いた本」なので、脳科学の話はしません。

■「速読の歴史」について

ただ、「速読の歴史」についてはちょっと語ろうと思います。理由は、言及している本が少ないのと、私自身が語れることだからです。速読の歴史を知っておけば詐欺まがいの速読セミナー（実際にあるんです）とかに騙されて高額な授業料を払わないで済みますから。

また、「本だけで分かる」というのも大事なことだと思います。私も25年間本だけで研究を続けていますが、実際に速読セミナーに通ったことは一度もありません。

まあ確かに、良質な速読セミナーも存在しますし、私自身も今後、速読セミナーを開く可能性はなきにしもあらずなので、セミナー自体を否定しているわけではないですけどね。念のため。

私の今の本音としては、本だけで速読を身につけて欲しいと思います。

■「速読を超えない」ことの重要性

あと、もう一つ大事なことは、この本では「速読」を超えない、ということです。「速読」というのは、上級者レベルになると、ちょっとオカルトっぽくなってきます。例えば「光」とか「波動」とか「情報エネルギー」とか、オカルトやスピリチュアル路線にいきがちなんです。

オカルトやスピリチュアルそのものを否定するわけではないですが、「速読」というのは、「本を速く読む技術であって、それ以上でもそれ以下でもない」のです。

故に、この本では「速読」以上のことは語りません。

私は、速読の先に広がる世界は、自分自身で見つけていくものだと思います。

速読をやっているうちに、気がついたらスピリチュアルセミナーに通っていたとか、カルト宗教に入信していたなどの話を聞いたことがありますが、言語道断です！　こういう速読団体は、速読を冒涜しています。

世間から何となく速読が悪いイメージで見られている一因は、こういう人たちがいるからです。

熱くなりすぎてちょっと話が逸れましたが、「速読は本を速く読む技術であって、それ以上でもそれ以下でもない」という合言葉を肝に銘じておきましょう。

■この本を読んで実行すれば、必ず速く読めるようになる

前書きにも書きましたが、もう一度言います。

私は、この本を読む皆さんには、全員が速読できるようになって欲しいと思っています。

そのためには、私は労力を惜しまないつもりです。

大丈夫です！　この本に書いてあることを実践すれば、あなたは絶対、本が速く

読めるようになります。

絶対です！！！

そのために皆さんにして欲しいことがあります。

それは、この本の内容を完全に覚えてしまうまで、速読で何度も何度も繰り返して読んでください。

そして実践してください。

それだけはお願いします。

Book

第二章

速読とは何か？

■そもそも、「速読」って何なの？

ものすごく基本に立ち返って、最初から考えてみたいと思います。

一番最初に考えなければならないことは、言葉の定義なのです。

「速読」という言葉の意味をはっきりさせないまま「速読」について説明しても、結局皆さんそれぞれが思い浮かべる「速読」が違っていたら困りますからね。

速読とは、読んで字の如く、本を「速く」「読む」ということです。

「速く」ってのはスピードが速いということですね。これは分かると思います。「どれくらい速く？」って疑問もあると思いますけど、その「速さの程度」については、一旦置いといて別のところで触れていきましょう。

で、「読む」ってことです。これが意外と、難しいんです。

「読む」という行為に関しては、皆さん意外と曖昧な感じで捉えているのではないでしょうか？

■「読む」とは何なのかをはっきりさせなければ速読はできない！

それでは、「読む」ことについて考えていきたいと思います。

私の定義する「読む」と、皆さんが考えている「読む」が、違っていたら話が進んでいかないですからね。

まず、読むこととは、何段階かに分けることができます。

第一段階として、文字の視覚イメージを「受容」することから始まります。

そして第二段階として、目を通して得たその情報が、何を意味するのか？ 頭の中で意味を呼び起こす、これが「認知」の段階です。

第三段階としては、認知された文字の関係性をさぐる、「解析」の段階です。

そして最終段階において、その情報の何が重要で何が重要でないかを決定し、細かい情報の価値順位を決定づける「理解」という段階があります。

「読む」こととは、受容↓認知↓解析↓理解の各段階を、瞬時に行うことなのです。

しかし、これは割りと学術的な話なので、参考程度に理解しておいてください。

少し分かりやすくします。

思い浮かべてください。皆さんは、本を読むとき、どのような状態をもって「読む」という行為を認識していますか？

例えば、「声を出しながら読む」のは「音読」。これは分かりやすいですよね。文字を音に換えて、声に出して「読む」。小学校の時、国語の教科書を順番に音読していた記憶もあるのではないでしょうか？

そして、「読む」行為には、もう一つありますよね？

そう、「黙読」です。実際に声には出さないけど、頭の中で声を出して読む「黙読」。一般的に「読む」という行為は、「音読」ではなく「黙読」の方を指すのではないでしょうか？

音読と黙読、これを「読む」といいます。当然の話ですね。

■「音読」「黙読」以外にも、実はもう一つの読み方がある

ここからが大事な話なんですが、「音読」と「黙読」以外にも、もう一つ「読む」

方法があります。

それが、「視読」です。

「音読」は、実際に音声に変換して読み、「黙読」は、頭の中で音声に変換して読みます。

それでは「視読」はどうするのか？

「視読」とは、文字を音声に変換せず、「見ただけ」で意味を解釈する読み方です。言ってみれば、先に触れた「読む」という行為の最初の段階、「受容」の部分を、音声変換せずに、音ではなく形として取り入れる技術と言ってもいいでしょう。

そして、一般的に言われている「速読」の技術とは、読み方を「視読」に変え、そこから速度を上げていくことに他ならないのです。

■文字を「見ただけ」で意味を認識できる世界

この本を読んでいる皆さんには、文字を「見ただけ」で意味を認識できる世界を体感して欲しいのです。私がそうであったように、訓練次第でそれは可能です。

元来、人類は音声のみで情報を伝達し合っていました。そして長い年月を経て文字が生まれ、「読む」という行為が生まれました。元来「読む」という行為は「音読」のことだけを指し、他の読み方はなかったと言われています。

そして文化の発展過程において、人類は「黙読」を可能にしました。声に出さずとも意味を理解できるようになったのです。

そして、情報洪水社会と言われる今、我々の文字認識方法は次のステップに進むべきではないでしょうか？

今こそ、「視読」を可能とし、そして「速読の世界」に足を踏み入れてください。

皆さんの中で、読書に対するパラダイムシフトを起こしましょう！

さあ、勇気を出して速読の世界へ！

コラムその❶
速読こぼれ話

私、普段は芸人として活動してるんですが、以前オフィス北野（ビートたけしさんの前所属事務所）に入っていたんです。

オフィス北野は、たけし軍団以外にも芸人が所属してまして、私もその内の一人だったんですよ。

オーディションで受かって、晴れて所属となったんですが、最終面接が専務取締役の方との個人面談だったんです。

で、当時赤坂にあった事務所に、履歴書を持って面接に行ったんです。

異様な緊張感が漂う中、専務（ビートたけしさんの元マネージャー）が現れました。

私が履歴書を渡すと、ざっと目を通し、「特技」の欄に書いてあった「速読」

という二文字について突っ込んできました。

「君、特技『速読』って書いてあるけど、速読できるの？」

「はい。できます」

「どれくらい速い？」

「新書なら一分です」

という会話の流れの後、

「よし、今ここでやってみてくれ！」

となりました。

専務は、近くにいた社員の方に、「おい、ストップウオッチと本一冊持ってきてくれ！」と言いました。

持ってきた本は、たけしさんの書いた「下世話の作法」という本でした。

「じゃあ、一分間計るよ。スタート！」

といきなり速読を披露するはめになりました。

異様な緊張感の中、私は速読を終え、一分のタイマーが鳴りました。

「速読できたか？」

「できました」

「何が書かれてた？」

「『下世話の作法』についてですね」

二人の間に少しの沈黙が流れた後、

「君、面白いヤツだな」

となり、事無きを得たのです。

あんな緊張感のある場で、速読をしたことがなかったので咄嗟にタイトルを口走ってしまいました。

無事、オフィス北野に入ることになったのですが、今でもあの面接のことを考えるとゾッとします。

そんなオフィス北野ですが、２０１８年のビートたけしさん独立騒動によって、離れることになりました。

今ではいい思い出です。

Book

第三章
日本速読史概論

■「速読法」は一つではない！

では、「速読」の定義をしたところで、具体的な話に入っていきたいと思います。

まず、「速読」と一口にいっても、いろんな流派があります。

「速読」とは「本を速く読むこと」に違いはないんですが、「速く読む方法」は何種類かあるんです。

ざっと有名どころを上げてみただけでも
「ジョイント式」

「SRS」

「キム式」

「フォトリーディング」

「七田式」

などなど、それぞれ特色をもった速読法を展開しています。

私は、すべての速読法にアンテナを張り、日本で出版されている速読本をすべてコレクションするつもりです。

今、私の部屋には日本で手に入れられる速読本はほとんどすべて所持していますし、新しく出た速読本は必ずチェックして即買いしています。

「一つの流派を極めた」ということで速読本を出したり、速読インストラクターになったりする方はたくさんいらっしゃいますが、私は「速読」そのものに興味があるので、すべての速読本を横断的、そして総体的に眺め、「速読」とは何なのか？を追求し続けています。

話が少し逸れましたが、「今、日本にはどんな速読法があるのか？」「今の速読法はどういう経緯で日本に伝わってきたのか？」を軽く知っておくことは、これから速読を学ぶために非常に有意義です。歴史が分かれば、存在意義が分かります。ですから、少し速読の歴史について触れたいと思います。

■速読という概念はいつどこから始まったのか？

速読はどこで生まれたのかを調べてみたいと思います。

アメリカで、「ケネディ大統領が本を速く読める」という情報が流れていた時代

▼「速読術」
馬淵時彦・藤田拓司（著）

がありました。いわゆるスピード・リーディングと言われるモノです。

１９６０年代は、ケネディ大統領の影響で、アメリカで速読ブームが起こったと言われています。

当時のアメリカでは、「エブァリン・ウッズ速読専門学校」が創設され、１５０万人の受講生がいたと言われています。

また、私が所持している速読本に「速読術」（馬淵時彦・藤田拓司著）という本があり、その本の出版が１９６８年なので、その時点で日本に「速読」という言葉はあったそうです。

ちなみに余談ですが、文豪・芥川龍之介が「本を読むのが速い」と周りから言われていたらしいですが、「速読」という言葉が使われていたわけではありませんでした。

■速読ブーム以前から速読を研究していた佐藤泰正氏

日本での速読研究の草分け的存在は、佐藤泰正氏だと思います。

佐藤泰正氏は、東京教育大学（現・筑波大学）で速読術の研究をされ教育学の博士号を取得された方です。

主な著書に「速読の科学」（講談社ブルーバックス）という本があります。

▼「速読の科学」佐藤泰正（著）

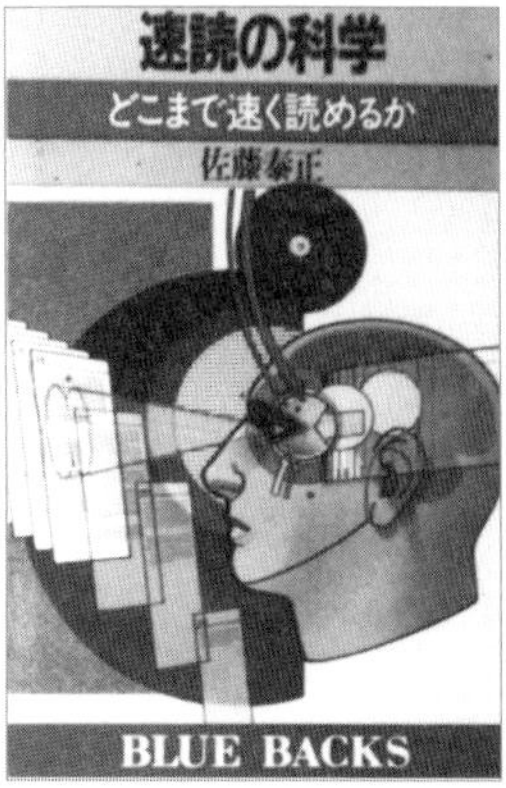

佐藤泰正氏は、海外発の速読法の影響を大きく受けることなく、学術的観点から速読法を研究していた「日本速読界の大家」ともいえる素晴らしい先生です。

■日本に最初に起こった速読ブームは韓国からやって来た！

日本で「速読ブーム」が起こった時代がありました。

日本に起こった速読ブームは、大きなブームが三回あります。

第一次速読ブームは、１９８０年付近。第二次速読ブームは１９８０年代後半

〜90年代前半。第三次速読ブームは2000年代前半です。

1980年付近に起こった第一次速読ブームは、韓国からやってきました。

1979年代後半、韓国で速読ブームが起こりました。きっかけは、金湧眞（キムヨングジン）という校正マンが、「新生活速読法」という本を出版したところから、端を発しています。

韓国はちょうどその頃、高度経済成長のさなかにあり、教育にも熱が入れられていました。

韓国政府は、1981年、「私設講習法令」に「速読」を採用し、金湧眞氏の「キム式速読法」を教える速読学院、教習所を認可しました。

韓国で速読が大流行している様を、日本のNHKが報道したのが1982年3月です。

NHKテレビの報道によって韓国の速読ブームに注目したのが、名古屋の加古徳次氏らです。

加古徳次氏は、早速、金氏の著書を取り寄せて研究を開始、1982年4月、名古屋に「日本速読術研究センター」を設立しました。

▼「ビジネスマンの SUPER 速読術」加古徳次（著）

TODAY BUSINESS
ビジネスマンの
SUPER
速読術
あなたの資料読解力、データ分析力が3倍レベルアップ!!
視点移動法、固定点凝視法、丹田呼吸法などの訓練により
だれでもＡ４判40ページ分のビジネス資料が１分間で読み
取れるようになる。その訓練のやり方と応用の仕方を詳
本書を読破することでスーパー速読術への入門が果たせる

加古氏のグループは、以後何回か訪韓し、韓国で速読の実情を視察、金氏にも直接指導を受けました。

その後、加古氏は独立し、名古屋グループから分離します。キム式速読法を骨子とした「加古式スーパー速読法」を提唱し、横浜に「日本速読協会」を設立しました。

その後、「日本速読協会」は東京・横浜で速読セミナーを開講し、幅広く活動し始めます。「加古式スーパー速読法」はマスコミにも取り上げられ、日本に「速読」ということばが広く一般に知られるきっかけになりました。

これが、「第一次速読ブーム」と言われるものです。

■キム式とパク式、どちらが本家か論争！

加古氏が日本に輸入したキム式速読法が第一次速読ブームを巻き起こしました

▼「定本 キム式速読法」
金湧眞（著）

が、韓国発の速読法は、キム式速読法以外にもう一つありました。

それが、ソウル大学講師パク・ファーヨップ氏の提唱した「パク式速読法」です。

「パク式速読法」は1979年3月、ソウル大学の「読書能力開発プログラム」という講座で初めて公開されました。パク氏の速読研究は1966年から続いており、1976年には読書速度に関する論文も発表されています。

1979年に韓国で発売されたキム式速読法の「新生活速読法」という本は、パク式速読法のソウル大学講座をマネたものだという意見もありました。

キム式速読法は、パク式速読法のパクリだと。

日本でパク式速読法を提唱されている最も代表的な速読家に、佐々木豊文氏という方がいらっしゃいますが、佐々木氏によると、「パク先生が10年以上にわたって創案したトレーニングフォーマットを、根拠もなくデフォルメして速読術を広めた」のが金湧眞氏だとおっしゃっています。

そして、だとするなら加古氏が日本で流行らせた「加古式スーパー速読法」は、「パクリのパクリ」ということになります。

「どちらが本家か？」論争は速読の世界にもあるんですね。興味深い話です。

■日本で最も大きな速読ブームを巻き起こした二人

１９８０年代前半に韓国を源流とする第一次速読ブームが起こりましたが、その数年後、さらに大きな速読ブームが巻き起こります。

それが、１９８０年代後半に巻き起こった「第二次速読ブーム」です。

この流れを見ていこうと思います。

「キム式速読法」をベースとした「加古式スーパー速読法」がマスコミの寵児となりましたが、「キム式速読法」を骨子とした大元の名古屋グループからもう一つの分派された団体が設立されました。山下隆弘氏と台夕起子氏の「日本速読東京アカデミー」です。

「みんなできた！一分間１００万文字」などの虚偽スレスレの宣伝文句を掲げ、

世間に大きく名乗りを上げてきました。

また先にも書いた、「パク式速読法」を母体とした速読法を、佐々木豊文氏が提唱し、「ＮＢＳ日本速読連盟」を設立。「キム式はパク式の真似」と対立を煽り立てました。

このような過激な文言から、速読界の競争は過激化していきました。

そういった中で、韓国発の速読法の特徴である「速読は徹底したトレーニングを行った人間だけができるもの」という印象が世間に根付きはじめていたことは否めません。

そんななか、そのアンチテーゼとして登場した速読法がありました。

新日本速読研究会の「ジョイント式速読法」です。

「ジョイント式速読法」は、韓国発の速読法特有の「精神統一」「一点凝視」「丹田呼吸」のような特殊訓練部分を排除し、「誰でも簡単にできる速読法」を全面的に打ち出したのです。

これが大ヒットしました。「新日本速読研究会」には、凄腕の会長と理事長がいました。川村明宏氏と若桜木虔氏です。

▼「速読トレーニング」
新日本速読研究会（刊）

私は、この二人のタッグを本当に凄いと思っています。まさに天才プロモーターと天才イノベーターの組み合わせです。

川村氏は、当時バブル経済で浮き立つ日本に、パソコンブームが起こっていることに目を付け、パソコンを使ったトレーニング法なども創案しました。

若桜木氏は東京大学大学院修了の学歴を持ち、小説家としても活動されていました。誰でも簡単にできる「ページ早めくりトレーニング」などを提唱し、「速読」を、「苦労して身につける技術」から「誰でもできるお手軽な技術」にイメージチェンジしようとしたのです。

結果、ジョイント式速読法は大ヒットし、様々な出版社から速読本が出され、全国に速読教室も開講されました。

そして新日本速読研究会の躍進を受け、似たような速読団体が雨後の竹の子のように現れ、街には様々な速読教室が濫立していました。

ジョイント式を中心とした最も大きな速読ブーム。これが、第二次速読ブームです。

■日本速読界、孤高の大家

1980年代後半から1990年代前半にかけて起こった第二次速読ブーム。新日本速読研究会のジョイント式速読法が猛威を振るう速読業界に、もう一つの速読法が生まれました。

栗田昌裕氏の「SRS速読法」です。SRSとは、スーパーリーディングシステムの略です。

▼「栗田博士の読書スピードが10倍になる本」栗田昌裕（著）

1988年、栗田氏は角川書店から「応用自在システム速読法」という速読本を出し、速読業界に名乗りをあげました。

東京大学医学部卒、及び同大学理学部数学科修士卒という、誰にも否定しようのない圧倒的な学歴を持ち、趣味として座禅、気功、ヨガなどを嗜む、まさに「能力開発の鬼」のような存在です。

医師として「脳科学」からのアプローチと、数学者としての「抽象思考」からのアプローチで、速読を独自システムに体系化、SRSは韓国式でもジョイント式でもない、栗田氏オリジナルの速読法を確立したのです。

実際、SRSは用語の使い方が独特で、栗田氏が独自に使っている用語がほとんどです。

また、栗田氏は記憶術やイメージ術、果ては散歩術まで幅広く書籍を出し、SRSを総合的能力開発プログラムの域まで広げました。

他流派の影響をほとんど受けていない「孤高の速読家」として、栗田氏のSRS速読法は、現在も存在感を強めています。

■第二次速読ブーム、以降の速読界

バブル経済の崩壊や、オウム事件や阪神大震災が起こった1990年代半ば、一度速読ブームは下火になります。いわゆる谷間の時代というものです。私が速読の世界に足を踏み入れたのも、この時代です。

その間、ジョイント式速読法やキム式速読法を模したような新たな速読法が出てきては消えました。

やはり、そんななかでもジョイント式やSRSは、安定して本が出版されていました。ただ、速読業界自体の頭打ち感は否めなかったです。

この時代に現れた主な速読家は、斉藤英治氏や、橘遵氏、安藤栄氏などがいます。

また、ここで一つ、新たに特徴的な速読法が登場しました。

七田式チャイルドアカデミー校長、七田眞氏が提唱する「波動速読法」です。

▼「超右脳 速読法」七田眞（著）

韓国式の特徴であった、丹田呼吸や、一点凝視、精神統一の側面を極限まで特化した速読法です。

一言で言うならば、「右脳」を使い、「波動」で読む。最終的にはESP（超能力）開発まで行きます。オカルトにも半分足を突っ込んでいるような方法論です。

まさに、「お手軽」「誰でもできる」を売りにしたジョイント式のアンチテーゼとも言える速読法です。

そうなのです。速読の歴史を俯瞰で見ると、ある速読法が流行った後には必ずカウンターとして逆アプローチの速読法が登場するのです。

そして、幼児教育の権威でもあります。「天才児をつくる」というあれです。

七田眞氏は幼児教育の世界にも速読を取り入れ、業界参入したのです。

▼「あなたもいままでの10倍速く本が読める」ポール・R・シーリィ（著）

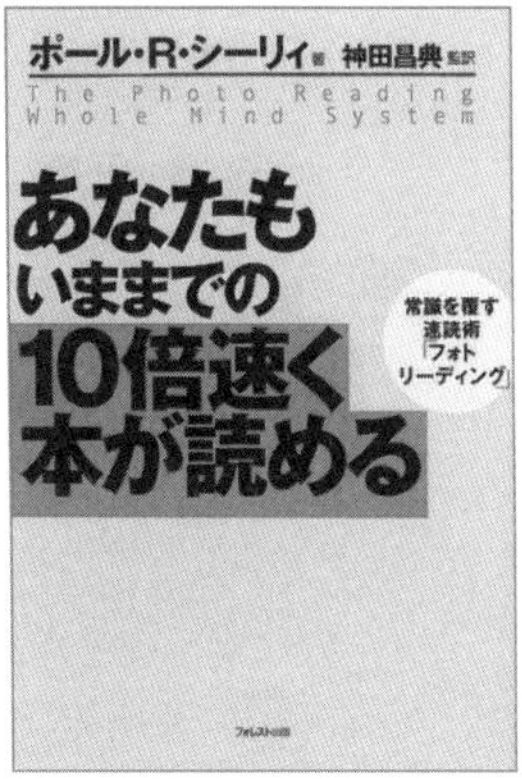
ポール・R・シーリィ著 神田昌典監訳
The Photo Reading Whole Mind System
あなたもいままでの10倍速く本が読める
常識を覆す速読術「フォトリーディング」
フォレスト出版

■アメリカからやってきた速読界の黒船！フォトリーディング！

1990年代前半の第二次速読ブーム以降、七田式のような個性的な速読法は登場したものの、大きなブームは起こりませんでした。

しかし2001年、日本にアメリカからとある速読法が輸入されます。

それが「フォトリーディング」です。

「あなたもいままでの10倍速く本が読める」という本が、フォレスト出版から出版され、ベストセラーとなったのです。著者の名は、ポール・R・シーリィ。アメリカの加速学習とNLP（神経言語プログラミング）の権威です。元々アメリカで出版されたこの本を神田昌典氏が監訳し、日本人向けにアレンジしました。

この本がベストセラー入りすることによって、「速読」自体の知名度アップにも繋がり、ブームが起こりました。

これが、第三次速読ブームです。

「フォトリーディング」の特徴は、掻い摘まんで説明すればこうです。

今まで従来の速読法は「読む速度」自体を速めていくものでした。それに対して、「読み方をシステム化」することによって、「結果的に速く読めるようになる」のが、フォトリーディングの特徴です。

例えば、フォトリーディングは「読む」を五つのステップに分け、「準備」や「復習」にも労力を注ぎます。

また、同じく欧米で生まれたトニー・ブザン氏の「マインドマップ」やウィン・ウェンガー氏の「イメージ・ストリーミング（アインシュタイン・ファクター）」とも非常に相性がいいです。

「フォトリーディング」は、現在の速読界においても猛威を振るっています。

■現在の速読業界の様相

現在の速読業界の様相を、お伝えしておこうと思います。

第三次速読ブームを巻き起こしたフォトリーディングは、インストラクター山口佐貴子氏を日本代表とし、速読業界の一角を担っています。

また、栗田氏のSRSも健在。未だに本は出版されてますが、昔の著作の焼き直しが多い印象です。

新日本速読研究会のジョイント式は、代表の川村明宏氏がほぼ個人でやられています。若桜木虔氏は、橘遵氏が主宰する「SP速読学院」の方に名誉顧問として移籍されました。

団体として勢いがあるのは、全国規模でスクールを展開している堀川直人氏の「日本速脳速読協会」。

▼「だから速読できへんねん！」
呉真由美（著）

また、キム式の流れを組む平井ナナエ氏の「楽読」、山中恵美子氏の「瞬読」もインターネットを使ったプロモーションに成功し、知名度を上げています。

個人として勢いがあるのは「速読日本一」を謳い文句にしている角田和将氏と、「バットにボールを当てるのが上手な」関西の速読インストラクター呉真由美氏といったところでしょうか。

ただ、これらは、速読法そのものが凄いというよりは、プロモーションに成功している方々だと思います。

様々な速読法が乱立し、群雄割拠の戦国時代のような様相ですが、まだ覇権を取るような速読法は出ていません。

ですが、次の速読ブームは近いうちに必ず起こると私は思っています。

ブームを巻き起こすきっかけとなるのはどこなのでしょうか？

■速読業界はタコツボ化している

ここまでざっと速読の歴史について語ってきましたが、いろんな速読法、速読術があることが分かっていただけたかと思います。

キム式とパク式の論争や、ジョイント式が登場した経緯なども紹介できてよかったです。

速読にはいろんな種類があるのですが、それを踏まえて、一つの疑問が浮上してきたかと思います（浮上してきてないならスミマセン！）。

それは、「これだけいろんな種類の速読法がある中で、それぞれの速読法は、他の流派の速読法をどう捉えているのか？」という疑問です。

例えば、今存在するすべての速読法は、突然生まれたモノではなく、速読の歴史の積み重ねの中で生まれたモノです。

他の速読法の影響を全く受けていない速読法は存在しません。中にはＳＲＳのような限りなくオリジナルに近い速読法もありますが、それでもやはり完全オリジナルではありません。

ですから、今売り出し中の速読法は、ほぼすべてが「ジョイント式」や「キム式」の流れを汲んでいると言っても過言ではないです。

現在の速読本は、大体内容が似通っているのです。

勿論、速読というのは「本を速く読む技術」でしかないのだから、やり方が似通っているのは仕方ないことだとも思いますが…。

例えば、Aという速読法と、Bという速読法があるとして、AとBどちらの速読本も、書いている内容はそんなに変わらない、そういうことが往々にしてあるのです。

しかし、Aは「○○速読法」、Bは「△△リーディング」と、名前はキチンとつけられています。

バックグラウンドの財源の強い団体は、その「○○速読法」という名前に特許を取り、他の団体に使わせないようにします。

こういうことが頻発すると、権利問題から他流派の速読法を口に出すことが憚れるようになってしまいます。この業界においては、他流派を語ることはある種のタブーとされています。

その結果、それぞれの速読団体は、自らの提唱する速読法を宣伝することに終始し、速読業界全体を総体的、横断的に語る人間もいなくなってきました。

それゆえ、速読業界はタコツボ化していくのです。

それぞれの速読団体はそれでもいいかもしれませんが、速読業界そのものが進化発展する可能性が、それによって遮断されていることは、紛れもない事実だと思っています。

業界自体が停滞しないため、各々の速読団体も個人利益以上に、速読業界のことを考えて動けばいいのにと私は思っています。

■速読本を300冊集めてわかったこと

この本で固有名詞を出す時は、プラスなことを言う時だけと決めている（名前を出す場合は、極力否定的なことは言わない、それは怖いからです）ので敢えて名前は出さないですが、酷い速読本は割と存在します。

もし皆さんが速読に興味を持って、速読本を買おうとした時に、最初に手にする速読本がこんなのだったら可哀相だなって思えるような速読本は、結構あります。

一例を挙げていきますと、自社の速読セミナーの宣伝ばっかり書いて具体的な方法がほとんど書かれてない本。誰にもできないような滑稽な方法を長々と書き連ねている本。読んでいるうちにいつの間にか自己啓発セミナーの勧誘のような内容になっている本。そもそも速読というタイトルなのに速読について一切触れられていない本。まあいろいろあります。

そういう本を手に取ってしまった人は、速読にマイナスのイメージを持ったままもう速読の世界に戻ってくることはないでしょう。

皆さんも、速読本を選ぶ時は気をつけてください。速読の歴史を知っていれば、ハズレを引く可能性はだいぶ下がります。

ここまで読んだ皆さんは、どの速読法がどんななのか、大体わかったはずです。

とにもかくにも、皆さんにとって「最初の一冊」が「本書」であって欲しいと切に願っています。

■「泡沫速読本」にも素晴らしい本はある

ちょっと余談なのですが、必ずしも「売れている速読本」が、「いい速読本」だとは限りません。

売れている速読本は、価値があるから売れているというよりは、プロモーションに成功しているから売れている場合が往々にしてあります。

ある種、速読法は、世間一般的には「正解がない」ものですから、「正しさ」よりは「プロモーション力」の方がものを言うのです。

ですから、これだけは声を大にして言っておきたいのですが、速読本の売れ筋と、その内容の善し悪しに、相関関係はほとんどありません。もちろん、「売れていない本こそ素晴らしい」ということではありません。売れていなくてひどい本もいっぱいあります。売れ行きに関係なく、「いいものはいい」し、「悪いものは悪い」のです。

３００冊の速読本を読み比べていると、「こんな

▼「らくだ速読法」山根修二（著）

にいい本なのに何で知られてないんだ！」なんて思える本はたくさんあります。

例えば、芦田献之氏の「実践速読法」、山根修二氏の「らくだ速読法」、真島伸一郎氏の「社労士独学速読法」などは、本当に素晴らしい内容の速読本です。

▼「社労士独学速読法」
真島伸一郎（著）

この本も、そういう速読本でありたいなと思います。ま、ベストセラーになりたいですけどね！

コラムその❷

300冊速読本を集めた私が「一番凄い」と考える速読本はブックオフの108円コーナーでたまたま見つけた

300冊以上の速読本を収集している私ですが、その中で一番内容が充実していると思われる速読本は何か？という質問をよく受けます。

私が最強の速読本と考える本は、1986年に芦田献之氏が出した「実践速読法」という本です。この本は、構成が素晴らしいです。

第一次速読ブームと第二次速読ブームの狭間に出た本ですが、ここまで内容が安定している本は他にありません。

何とこの本は、代々木のブックオフで108円で見つけたのです。80年代～90年代は、インディーズの速読本がたくさん出た時代です。

まだ見ぬノーマークの速読本は、私の知らないところで存在しているのかもしれません。お宝は、まだまだ眠っているのです。それを見つけるのが、楽しみの一つでもあります。

▲「実践速読法」芦田献之（著）

コラムその❸

伝説の小説・『三日で修得できる速読法』殺人事件

皆さんは、速読をテーマにした小説があることをご存じでしょうか？

1980年代後半、新日本速読研究会の代表理事を務めていた若桜木虔氏は、小説家としても活動されていました。

その若桜木氏が1987年に出した小説が、『『三日で修得できる速読法』殺人事件』という作品です。

タイトルもエッジが効いてますね。

この小説は、当時の速読業界の団体同士の対立をテーマにしています。「新日本速読研究会」と「全日本速読学会」の対立、そして韓国式速読法とジョイント式速読法の対立などが、名前を微妙に変えて描写されています。

当時、団体どうし派閥争いの渦中にいた若桜木氏だからこそ書けた内容の小説です。

この小説の中で、新日本速読研究会と全日本速読学会を新日本テレビの速読番組で「どちらの速読法が優れているか？」を競わせる企画があり、局が肩入れしている団体の方に、「あらかじめ速読対決に使用する本の内容を教えておく」といった裏工作が行われていた、といった描写があるのですが、本当にあった事実として書くのではなく、あくまで小説としてフィクションで書くというのが若桜木氏ならではだと思います。

ちなみに、この小説にもトレーニング教材がついてまして、小説を読みながら眼球運動と視野拡大のトレーニングができるという、画期的な試みがなされています。

面白い速読本です。

▲「三日で習得できる速読法」殺人事件・若桜木虔（著）

Book

第四章

ついに公開！
ルサンチマン浅川式速読法

■本邦初公開、私の速読法

前書きにも書いた通り、私は速読を25年間続けています。ありとあらゆる速読本を貪り読み、速読とは何なのか？を徹底して「独学で」追求してきました。

芸人という職業柄か、速読できると言うと、「ちょっと速読やってみてよ」と言われたことは数限りなくあります。「ちょっと面白いことやってよ」と同じくらいの頻度ですね。

本当に速読できているのですが、中々それを証明することが難しい。いつもなんか変な空気になって終わりです。

「速読の検定」とか「速読の大会」とか出てみれば？と言われることもあるのですが、そういったものは必ず、どこかの大手速読団体が主催しているので、その団体の権威付けに一役買ってしまうのが嫌なので参加したことはありません。

故に、私の速読力は、どこにも公開されないまま、25年の月日がながれてしまいました。

しかし、本書を書くにあたって、私がやっている速読法、いわゆる「ルサンチマン浅川式速読法」を初めて公開しようと思います。

「私がどう読んでいるか？」も踏まえて、現状の他の速読法などと照らし合わせながら、説明していきたいと思います。

あと、これは先に言っておきます。

私は自分以外の個別の速読法に肩入れしているわけではないですが、「いいものは、いい」ということで、他の速読法のいい部分を応用して、どんどん使っていっていいと考えています。

それは決して「パクり」とかいう次元の話ではなく（パクりは絶対ダメです！）、速読法を進化させるためには必要なことだと思うからです。前にも書いたように、読書の技術というのはどんどん刷新されています。読書に限らず、万物の発展の歴史は、「模倣と応用、そして発明」の繰り返しでできたものだと思うからです。

速読の目的は、「本を速く読むこと」である以上、「速く読むために」使える方法論は、どんどん取り入れていかなければならないと私は考えています。

つまり速読は、総合技術なのです。

それでは、ルサンチマン浅川式速読法を紹介していきましょう。

■速読マインドセット ～本は、速く読んでこそ価値がある～

まず、速読する前の「心構え」について説明していきます。

皆さんは、本を速く読むことに対して、まだ心のどこかでブレーキを掛けていることと思います。

考え方を変えてください！

本は、「速く読んだ方がいい」のです。速く読んだ方が理解も深まるのです。

ここが半信半疑では、速読はできません。

ちなみに、フォトリーディングでは、第一ステップに「アファメーション」という行為があります。

「アファメーション」とは、自分に対する問いかけです。

潜在意識を活用して自分に暗示をかけ、本を読む目的を明確にすることらしいです。

「この本を読んでどんな知識を得たいのか？」

「どれくらいの時間でこの本を読み切りたいのか？」

を前もって自分に問いかけるのです。

私の速読法でも、この側面は重視しています。が、アファメーションは唱えません。「速く読める」と確信するだけです。

もちろん、「読めると思ったら読める」というような、精神論を振りかざすわけではありません。「読める」と思っても、読めないものは読めません。

ですが、前提条件として「速読は可能だ」という意識がなければ、あなたの速読力はフルに使えません。

「速読した方がいい」

「本は速く読んだ方がいい」

この考え方は、今後、常時徹底してください。これは非常に大事です。

■眼球は、速く動くに越したことはない

巷の速読本には、必ずと言っていいほど、「眼球運動」、「視点移動トレーニング」といった教材が載っています。

古くはキム式系からジョイント式系まで、ほとんどの速読法において眼球トレーニングは欠かせないものとなっています。ただフォトリーディング系には眼球トレーニングはありません。フォトリーディングには眼球運動はなく、指先をぼやかして見る「ブリップページ」という眼の使い方があります。眼の前で両手の指先を繋げて「ソーセージ」を作った状態（フォトフォーカス）にするのです。

また、ＳＲＳの栗田博士は、「手」や「指先」を利用した眼球運動を勧めています。先にも少し触れた関西の速読インストラクターの呉真由美氏は、眼球運動をしまくった結果、動体視力がアップして、「１５０㎞の剛速球をバットに当てる」ことができるようになり、様々なメディアに取り上げられるようになりました。

私の意見としては、「目の動きが早く滑らかになるに越したことはない」と考えています。現に、私自身25年間、眼球運動を毎日やり続けていますから。

しかし、眼球運動にのめり込みすぎないことも大切です。眼球運動は、速読のメインテーマでは決してありません！

目の動きがどれだけ速くなっても、視野がどれだけ広がっても、そのこと自体で速読が可能になるわけではないのです。

眼球運動は、野球における「走り込み」や「バットの素振り」に似ています。毎日走り込みや素振りをすることは大事ですが、それだけやり続けても試合では勝てません。

基礎力向上と実践は別なのです。

世の中の速読本にはトンチンカンな本があって、ひたすら眼球運動だけをトレーニングさせるように書かれた本もあります。

速読が「やたら目を速く動かす読み方」と偏見を持たれているのは、こういう本が多少なりとも蔓延しているからです。注意しましょう。

ですが、先にも書いた通り、「目が速く滑らかに動くに越したことはない」ので、トレーニングをする分には問題ありません。

目を縦、横、斜め、回転させるのを毎日15分ずつでもやるとよいでしょう。

■視幅と識幅の広げ方と、秘伝トレーニング法

目が速く動いた方がいいことは間違いないのと同じく、視野も広いに越したこ

とはありません。

「視幅」（文字を見れる視野の大きさ）と「識幅」（意味を認識できる意識の視野の大きさ）を、どんどん広げていきましょう。

本を読むときに捉える文字数は、多ければ多い程よいでしょう。結局、黙読から視読に読み方は変えるためには、一文字一文字読むのではなく、同時に何文字も頭に入れることが必須です。これを、「並列処理」といいます。

文章を少しずつ、カタマリで意味をとれるようにしていき、最終的には見開き2ページを一瞬で読めるようにします。ですから、見開き2ページ分の視幅と識幅を持つことは速読の必要条件なのです。

この時のコツとしては、「一つの文字に引っ張られない」ということが大事です。一つの文字に引っ張られると、視野が狭くなります。基本的には「ページ全体」を見るようにし、必要とあらば部分的に見るようにするのが理想です。

ここで私が発見した、視幅と識幅を広げる特殊トレーニング法をご紹介します。

それは、「辞書トレーニング」です。

「英和辞典」や「国語辞典」、「世界史用語集」など、なるべくページに小さな文字が敷き詰められた本を用意します。1ページにおける文字数は多ければ多いほど、情報量も多い程いいです。

そして、時間を決めてひたすらずっとその辞書をめくりながら眺めるのです。「読もう」とするのではなく、「眺めよう」とするのです。読もうとすると、脳内音声に引っ張られてしまいます。読もうとするのではなく、辞書に敷き詰められた文字を、「絵画」のように眺め続けるのです。最初は10分もやるとものすごく脳が疲労すると思います。

しかし、だんだん慣れてくると30分でも一時間でも続けられるようになってきます。

細かすぎる大量の文字を脳が一気に処理しようとして、視幅と識幅がどんどん広がっていきます。文字の脳内音声化の癖も取れていきます。脳の「慣れよう」という習性を利用したトレーニングです。

この方法は、私が大学受験で浪人している時にやっていたのですが、とても役立ちました。私がトレーニングに使ったのは「ジーニアス英和辞典」ですが、暇があるとずっとジーニアス英和辞典を眺めていました。一時間でも二時間でも、ずっと文字を舐めるようにページをめくっていました。

すると、他の普通の本を読んだ時、めちゃくちゃ読みやすいのです。これは、文字の音声化の癖が抜けてるというのが実感されました。

■速読中、意識をどこに置くか？

速読をする点での、初心者のよくある疑問に、「読んでいる最中、どこに意識を置くか？」というものがあります。

意識の置き場は、目に入る文字なのか、文字から変換された脳内音声なのか、文字から変換されたイメージなのか、それとも頭の中なのか、頭の後ろらへんなのか？　心なのか。

さてどこでしょうか？

普通の読書では、「文字から変換された脳内音声」に意識を置いていると思います。なぜそうなっているかというと、日本の義務教育がそれを推奨しているからです。小学校や中学校の時、国語の授業で黙読したでしょう。

他の速読法が、意識をどこに置いているかも確認していきましょう。

例えば、栗田博士のＳＲＳでは、意識の置き場は「心」だとしています。フォトリーディングでは、意識の置き場は「頭の後ろに置いたイメージのミカン」です。これはミカン集中法と呼ばれるものです。

キム式系では丹田（たんでん、お腹の下の方のツボ）、ジョイント式系では、紙面の文字列のブロックというのが多数です。

さて、私の速読法では意識はどこに置くか？

「ページの文字列」に置きます。

が、意識をかけるのは、ページの文字全体に、フワッと意識を置きます。気持ちはリラックスしてるくらいでいいと思います。

で、ですね。このフワッとっていうのが大切で、全体にフワッと意識を置いても、音声として意識に入ってくる単語とか、文字列とかあるんです。音声を遮断して読もうとしても、どうしても意識に音声として潜り込もうとしてる単語や文字列が出てくる。

その単語や文字列を、大切にしてください。

文章の意味を取るための超重要ワードである可能性が高いのです。

「本の理解が無意識に進行する」というのは栗田博士のSRSでのテーゼの一つですが、初心者にとって「完全無意識」は難しいし、その感覚も理解し辛いです。ですから「無意識でざっくり」と「意識的に入ってくる言葉を遮断しない」という、二段構えでいくとよいでしょう。

先ほど紹介した「辞書トレーニング法」を行っていると、無意識の理解力も相当鍛えられると思います。

まとめますと、意識の置き場は「ページの文字列」、個別に入ってくる単語や情報は「無理に遮断しない」の、二層式で読みましょう。

■読書スピードは「前提知識」で速くなる

前提知識の多寡によって読書スピードが変わります。

これは否定できません。

当たり前の話ですが、弁護士は一般人より法律の本を速く読めますし、公認会計士は会計や税金の本を門外漢の人より速く読めます。

そして我々が、例えば「ももたろう」を速く読めるのは、もうストーリーを知っているからです。

「速読の達人」と言われる人でも、全く分野外の本を読むのは時間がかかりますし、速く読めたとしても「速く文字を認識できただけ」で、意味理解までできていないことがほとんどです。

これらの事実によって、一つの大事なことが言えます。

それは、「速読」によって、前提知識は雪だるま式に増やすことができる、ということです。

「ニワトリが先か？　卵が先か？」と似たような話ですが、「前提知識があるから速読できる」ことと、「速読できるから前提知識を増やせる」こと、この二つは両立します。

それはなぜか？

「速読」の最大の効用と言ってもいい部分ですが、何度も何度も「繰り返し」読めるという、速読最高のメリットがあるからです。

資格試験向け速読研究家の宇津出雅巳氏は、「高速大量回転法」と読んでいますが、超スピードで、何回も何回も繰り返し読む方法です。

一回で理解できなければ、二回で、二回で理解できなければ、三回で。ペンキ塗りのように理解を上積みしながら読んでいくのです。10倍のスピードで5回読んだとしても、かかる時間は半分です。

そうなんです。

「速読」プラス「大量回転」で、門外漢の分野の知識でも、どんどん増えていきます。難しい本も、わからない本も、とにかく何度も何度も繰り返して、分かる部分を増やしていく。

すると知識が増えていきます。知識が増えると、読むスピードが速くなり、読むスピードが速くなると、繰り返し読めるので知識が増えていきます。

まさに、知識量の「正のスパイラル」です。

速読は、正のスパイラルを引きおこせるんです。

これに関して、私は昔から思ってることがあります。

速読と知識量に対する世間の誤解を解くために、次の項目で少し吠えたいと思います。

■「速読」「読書」は、一回で終わらせるものではない！

世間のよくある固定概念の一つに、「読書は、本を一回だけ読んで終わらせるもの」という考えがあります。

この考えは間違っています。このような考え方は一刻も早く捨ててください。本というものは、二回でも10回でも、1000回でも、1万回でも読んでいいのです（ページが汚れて見えなくならない限りですが！）。

一回で完全に理解しようとするから、速度が落ちるのです。むしろ、一回で理解できない本は、「理解できないのは前提知識が足りてないから」と割り切って、二回三回と回数で理解する読み方に変えてみてください。

ゆっくり読んで理解できないのなら、速く読んでも理解できません。なので、「スピードを上げて、繰り返し読む回数を増やす」方が理解度は上です。

文章の意味理解というのは、「一瞬」で起こります。一瞬見ただけで「分かった」

とバチっと理解と情報が共鳴するのが、速読です。

意味を一瞬で理解できないのなら、繰り返し読むしかないのです。

「読書は本を一回だけ読む行為」という考えは捨ててください。

そして、「100倍のスピードで50回繰り返す」くらいのイメージで読んでください。それでも普通の2倍速です。

前提知識が増えていくにつれ、「一瞬で意味が分かる」本が増えていきます。

それが、速読の面白いところです。

「一瞬で意味が分かる」快感を、皆さんにも味わって欲しいと思います。

■ページのめくり方

意外と速読本で触れられてないのが、「ページをどうめくるか?」についてです。

これは、結構重要なことなんです。だってページをめくらないと、本が読めないんですから（当然！）。

余談ですがその昔、1986年に徳間書店から出た「速読術でみるみる学力が

▼「速読術でみるみる学力が上がった」
川口奈奈・台 夕紀子（著）

上がった」という本があるのですが、この本の帯に「誰でも1分間に100万文字読める」みたいなことが書いてありました。一般的な新書一冊の文字数は12万文字くらいだと言われています。1分間で、新書八冊！

「どうやって1分間に新書八冊ページめくるねん！」とみんながツッコんだのは言うまでもありません。

めくり方についてですが、新書、文庫本、単行本（ハードカバー、ソフトカバー）によって微妙に違います。

新書とソフトカバーの単行本はめくりやすく、ハードカバーの単行本はめくりにくいです。文庫本は小さいのが難点です。

新書、文庫本、ソフトカバーに関しては、両手を使い、まず何回か指で弾くようにページをめくり、ページを「指に馴染ませ」ましょう。本のカバーはテープで固定した方がいいと思います。この「指に馴染ませる」作業というのは速読する上で非常に重要です。慣れてくると両手で指を弾きながら自由自在にページをめくれるようになります。

ハードカバーに関しては、ソフトカバー程自由自在にめくれませんが、慣れてくると同じように読めるようになります。

また、電子書籍はどう読むかという問題もあります。

電子書籍は、スマートホンやタブレットの液晶をタッチしたりドラッグしたりすることでページをめくりますが、当然ページの「馴染ませ」はできません。

指の感覚で本を覚えていることは結構あるので、電子書籍よりは紙の書籍の方が、速読に向いています。

しかし、今後何十年単位の長い目で見ると、電子書籍の方が主役になるのかな、とは思います。

■読む時の姿勢について

キム式速読法は、読む時の姿勢を重要視します。姿勢を正して、呼吸を整え、丹田に意識を集めて、一点を凝視しながら一気に読んでいきます。

そして、ジョイント式速読法は、そのアンチテーゼとして、姿勢や呼吸などに一切言及しない方法論としてブームを巻き起こしました。

私の考えは、「特に姿勢を意識する必要はない」という立場を取っています。

速読に対する初期抵抗を減らしたいからです。

「さあ速読するぞ！」と身構える速読法ではなく、「当然の読み方」として速読をして欲しいからです。

ゴロ寝しながらでもアグラをかきながらでも速読はできるのです。

いつでもどこでも、当然のように速読しましょう！

■タイトル、目次、前書き、後書き、システマティックな読書法

以前、「速読には種類がある」と書きましたが、「読書スピードを上げる」方法だけが速読ではありません。

システマティックに読むタイプの速読法も存在します。

このタイプの速読法も、使えるワザはたくさんあります。

ルサンチマン浅川式速読法は、「本を速く読むためなら、使える方法は何でも使う」を一つの理念としてますので、取り入れてます。

1 「タイトル」は最強の要約

本のタイトルは、その本の内容を最小に圧縮した要約です。

例えば200ページの本があるとして、その本に書かれた200ページの内容を、一言で表すなら何でしょうか？

はいそうです。本のタイトルしかありませんね。

200ページ約12万文字の本も、内容を凝縮すれば「タイトル」になります。

「さおだけ屋はなぜ潰れないのか？」

「もし高校野球の女子マネージャーがドラッカーのマネジメントを読んだら？」

「学年ビリのギャルが、偏差値40上げて慶応大学に現役合格した話」

こんな長々としたタイトルでも、本文の内容から1ミリもズレていない最高の要約になっているのです。

これは、速読する上で意外と重要なことなので忘れないでください。

2「目次」は本文の要約

目次も本文の要約です。目次を分析することで、本の構造をシステマティックに体系化することができます。

「目次はシステム情報である」というのは、学習コンサルタントの栗山実さんが提唱した考え方ですが、初めて知った時、目から鱗が落ちました。目次を分析すれば、本文を読まずとも本の内容を掴むことができるのです。

本を読む際は、速読でいきなり本文を攻めるのではなく、必ず目次分析を行ってください。内容の頭へ残り方が段違いとなります。

▼「キャリアアップの勉強法」
栗山実（著）

栗山実氏は、ダイヤモンド社から「キャリアアップの勉強法」という本を出しています。この本は現在、絶版になっていますが素晴らしい本であることは間違いありません。

目次分析のやり方ですが、栗山氏は「コメント法」という目次にコメントを付けて情報磁力を上げる方法を提唱しています。個人的には、そこまでやる必要はないと思いますが、受験参考書などを勉強する場合は、コメント法は絶大な威力を発揮すると思います。ただ、ルサンチマン浅川式速読法は、あらゆる速読技術をトータルで使っていくものなので、目次分析は必ずやりましょう。

3 前書き、後書きにも注意して読む

事前に情報を掴むために、前書きと後書きにも注意してください。著者の考えが最も色濃く現れている部分だからです。

著者略歴や、帯などにも情報が隠されている場合もあります。

以上、読書スピードを上げるだけではなく、システマティックに読書するための読書法でした。

何度も書いている話ですが、「速読」は複合技術です。本を速く読むために、内容を速く理解するために、その手助けとしてこういうテクニックはどんどん使ってください。

とかく速読は、「分速〇〇文字」「一分間に何ページ」「一晩で〇冊！」「読書スピード何十倍！」と、量的な勝負になりがちです。

しかし、それは速読団体同士の宣伝合戦として使われているフレーズでしかありません。一分間で100万文字読んだからと言って、内容が頭に入っていなければ何の意味もないのです。

意味のあることを、やりましょう。

そして次は、速読法の隣り合わせにある技術、「記憶術」「図解術」について考えていきたいと思います。

■速読と記憶術、図解術

速読と記憶術、図解術は、関連性が強いです。

記憶術は、「読んだ内容をどれだけ記憶に留めておくか」

図解術は、「読んだ内容をどれだけ抽象化してアウトプットできるか」

ということで、速読と親和性が高いのです。

まず、記憶術についてですが、「読んだ内容が頭のどこに保存されているか」を考えることは非常に意味があるでしょう。

ちょっと話は逸れますが、よく人から「速読してみてよ」と言われて、「できた！」と言うと、「じゃあ何ページの何行目にはどんな単語が書かれてたか？」と質問されることがよくあります。

ハッキリ言ってこれは難しいです。それは「速読」ではなく「完全記憶」です。

確かに、「繰り返し」によって「場所」まで覚えてしまうこともありますが、一回では厳しいです。ちなみに、こんなことができるなら、東大だろうが司法試験だろうが一発でしょう。そういう天才も、世の中には少数いらっしゃるかもしれませんが、そもそもそこまでの天才ならトレーニングは必要ないと思います。

天才なら一回でいいかもしれませんが、我々凡人は、スピードを上げて何回も何回も繰り返す。その方法でしか、天才に勝つことはできないのです。

話を戻しますが、速読で掴むのは、まず「意味」です。文字の場所ではありません。

じゃあ意味は何故掴めるのか？　文字よりも潜在下にある、プリミティブなイメージを掴んでいるからです。

それは、読書家の立花隆氏も言っておりました。

そのプリミティブなイメージを顕在化して、記憶術として結びつけておくのは有効だと思います。

難しいので簡単に言うと、速読で意味を理解した後、再び戻ってきて、改めて文章のイメージを顕在化し、記憶のペグとして結びつけておくのです。

本の内容にもよりますが、上手く記憶術がハマると内容の取り出しも容易にできます。先程の目次を利用する方法を記憶術に応用してもいいでしょう。目次をイメージで繋げていくのです。

記憶術に関しては、渡辺剛彰氏のイメージ結合法がオススメです。

図解術に関しては、内容をアウトプットする時に補助として有用です。

例えば、「速読した内容を一分で語る」などの時は、図解術をマスターしていると非常にやりやすいです。

「矢印」や「等号」などで図解をするということは、頭の中で情報の抽象化を行っているのです。内容のフレームワーク化というやつです。

また、図解を速くすることは「速記術」に通じているのかもしれません。

記憶術と図解術は、速読と併用することにより、内容の定着率を爆上げさせることができます。

皆さんも、興味があれば、速読以外の技術を速読に取り込んでみてください。

■「アウトプット」しよう！

ここまで読んで、インプットのやり方はだいぶ語れたと思います。アウトプットの方も、先の図解術を使うってところで語れました。

ですが、内容を語るためのアウトプットだけでなく、実践的アウトプットも必ずやって欲しいと思います。

実践的アウトプットとは、「書いてあることを実際にやってみる」ということです。当たり前と言えば当たり前のことなんですが、「速読にのめり込む人」の特徴として、この当たり前のことを疎かにする人が多いです。

ビジネス書、ハウツー本、自己啓発書に限られた話なのですが、書いてあることを実践しない限り、内容は机上の空論でしかありません。

情報は取捨選択しても構わないですが、「これは実行に移した方がいいな」と思えることは、必ず実行してください。

アウトプットのないインプットには、意味がありません。

私自身の話をしたいと思います。

私は、速読をはじめて10年くらいは「アウトプット」をしなかった人間でした。速読をインプットだけの行為と考え、ひたすら速く読んで頭に情報を入れることだけを徹底的に考え続けてきました。だからこそ自分の中でいろいろな情報が飽和し、「速読を極めよう」などという方向に向かっていったという側面はあると思います。

ただ、この本を読んでいる皆さんがそうなることを私は望んでません。

速読狂人間は、私だけで十分です。

皆さんには、この本で速読をできるようになってもらい、その後は、本を読み続けアウトプットし続け、人生をどんどん豊かなものにしていって欲しいと思います。

世の中にはあらゆるジャンルの、様々な本が出版されています。

速読をマスターすると、それによって他の人よりたくさんの種類の本に触れることができます。実行できそうなことは、どんどん実行してください。

理論だけの頭でっかちにならず、行動することによって、人生を切り拓いてください。多分、人生はとてつもなく面白いものとなります。

私も、速読歴25年の中で、最近5年は実践的アウトプットを心がけています。

筋トレの本や、話し方の本、心理学やモテるための本、文章の書き方の本。速読して、使えるなと思ったところは、即実行しています。

実行することによって、新たな考えが浮かんだり、また別の本を読みたくなったりします。

そして、実行すること自体も楽しいです。

何度も繰り返しますが、本を読むことは人生を豊かにします。

インプットではなく、アウトプットすることが、それを可能にしてくれるのです。

■「小説は速読できるのか？」問題

ここまで書いて、結構大事なことで、触れていないことがありました。

それは、読む本の対象が、ビジネス書や実用書などに特化しており、「小説」の速読法について触れられていないのではないか、ということです。

小説は速読できるのか、否か？

答えは、「速読できなくはないが、速読しない方がいい」です。

それはどういうことか？

小説は、実用書に比べて、速読しづらい構成となっています。登場人物が多数出てきたり、時系列の流れがあったり、心情描写があったり、レトリックが使われていたり、行間を読ませたりするからです。

勿論、「視読で普通に速く読む」ことで、訓練してない人の2倍、3倍の速さで読むことは可能ですが、いわゆる実用書を読むような速さで読むことは厳しいです。

しかし、それはそれでいいのではないでしょうか。

小説は、あくまで内容を楽しむものです。恋愛小説でドキドキしたり、推理小説でハラハラしたり、純文学で文体の美しさを味わったりするものです。そこに

「情報の流入スピードを上げる意味」なんてほとんどないでしょう。

小説を一冊一分で読んだとしても、楽しめないですから。小説は、楽しんで読みましょう。

ですから、そもそも小説に速読は必要ないのです。

ただし、普通の人より速く読むことは、可能です。

■他言語は速読できるのか？

ここまで、日本語での速読について書いてきましたが、例えば英語など、他言語の速読は可能かという問いにも触れたいと思います。

結論から言うと、アメリカや韓国で速読ブームが起こったように、他言語でも速読は可能です。

しかし、それらの言語と比べても、日本語は圧倒的に速読しやすい言語です。

というのは、日本語が、主に「漢字」「ひらがな」「カタカナ」と三種の文字を用いているからです。

例えば文章を読む時、漢字だけ拾っていっても大意はつかめます（実際、それを利用した速読法も存在しています）。

英語が26文字のアルファベットの配列だけで意味を表すのに対して、日本語の漢字、ひらがな、カタカナの三種が織りなす文面は、画像にも近く非常に速読しやすいと思います。

日本語は世界で一番、速読向きの言語だとも言われています。

英語に関しては、26文字のアルファベットの配列だけで意味を表しているので速読向きな言語ではないですが、速読の方法論は存在します。

まさに、アメリカで生まれたフォトリーディングなどは、速読する前の「準備」と速読した後の「復習」に力を入れている点で、アルファベットの弱点を軽減するために生まれた作業だと思います。

また、英文は論理展開のパターンがかっちりと決まっているので、それを逆手に取った読み方「パラグラフリーディング」などもあります。パラグラフリーディングは、スキミング（抜き取り読み）やスキャニング（探し読み）を利用し、なるべく読む箇所を減らしながら文章の論旨を理解する読み方です。

一般に日本で広まっている速読とは、また別の読み方ですが、本を速く読もうという点では同じです。

視読が難しい言語だからこそ、そういう読み方が発達したのではないでしょうか。

結論としては、他言語は日本語に比べて速読しづらい面はあります。しかし、システマティックに読む方法論があったり、言語に慣れてくると日本語と同じように視読も可能となります。

■ルサンチマン浅川式速読法まとめ

ここまで読んでいただいて、私が行っている速読法について、一通りは語れたかと思います。

ここまで読んでみると、速読は決して「超人的技術」でもなければ、「胡散臭い技術」でもないことが、分かっていただけたかと思います。

多少の訓練と、速く読みたいという気持ちがあれば、誰にでもできる技術なんです。

そんなに難しいことは、言っていないつもりです。
もう一度、要点はまとめておきますね。

・速読は誰にでもできる！
・速く読めると確信せよ！
・リラックスして意識はフワッと！
・トレーニングは短時間でも毎日行え！
・辞書を眺め続けろ！
・本は一回で理解するものという固定観念は捨てろ！
・目次を利用しろ！
・記憶術や図解術も使え！
・アウトプットせよ！

あと最後に、忘れないで欲しいのが、「速読を日常生活に取り込む」ってことですね。
「日常すべてが速読訓練の場」という一節が、栗田昌裕氏の処女作「応用自在システム速読法」に書いてありました。高校生だった私は、この一節に感動してしまったんですね。

だから、ちょっと受け売りっぽくて申し訳ないんですが、「速読を日常に取り込む」というのを忘れないでください。

速読があなたにとって当たり前の読み方になりますように！

コラムその❹ 最強の能力開発法「高速音読」について

私はこの本で速読の重要性を語ってきました。そして、「視読」こそが速読の入口で、脳内の「音読」をやめることが大切だ、と述べました。

それを踏まえた上で少し「言っていることが違う」かもしれませんが、素晴らしい能力開発法を一つご紹介します。

それは、「高速音読」です。

高速音読とは、「自分の唇が動く限界の速さ」で音読することなのですが、これが能力開発法として素晴らしいのです。

まず、文字を目で認識することでインプット、声に出して読むことによってアウトプットを同時に行い（これだけだと普通の音読ですが）、かつ自分の限界速度で声に出すことによって頭の回転が速くなるのです。

それだけではなく、自発的に声を発することでコミュ症（コミュニケーション障害）が治ったり、速く口を動かすことで滑舌がよくなったりするのです。

一日10分でも高速音読を毎日続けていると、どんどん脳がギアチェンジされ、ストレス発散の効果や自発性が生まれるなど、いいことづくめの能力開発法ですね。

私も昔、この高速音読にハマって一ヶ月くらい続けたことがあるのですが、その時の脳の覚醒感はすごかったです。その時も芸人をやっていてライブに出ていたのですが、頭の回転が速くなりすぎて、相方がボケる前にツッコんだりしてしまいました。言葉もどんどん出てくるし、まったく淀みなく詰まらない。とにかく能力が爆上げされました。周りの芸人から、「今日キレッキレだけどどうしたの？」と言われたりして。

「速読は音読しちゃダメなんでしょ？　矛盾してるじゃん？」と思った方いらっしゃるかと思います。しかし、速読と高速音読、矛盾せずに両立できる方法があります。

私が編み出した方法をお教えしましょう。

まず、この本に書いてある速読トレーニングで脳内音声を排除する練習をやります。とことんまでやって疲れたり、飽きてきたりしたら、高速音読に切り替えます。高速音読をとことんやって疲れたり飽きてきたりしたら、また速読トレーニングに切り替えます。

両極端のトレーニングを、「飽きたら変える」で何度も繰り返すのです。

これによって脳にとてつもない負荷がかかり、両方の能力が爆上げされることは間違いありません。

受験生のころ、「徹底して勉強」して頭が疲れたら、「徹底して運動」に切り替え、体が疲れたらまた切り替える。これがかなり効果的でした。これと同じ原理で、極端なことを交互に繰り返すと、能力が両方とも上がるのです。

是非とも、やってみて恐るべき効果を確かめてください。

能力が爆上げされ過ぎるのは自己責任でお願いします。

第五章
速読をマスターした後の世界

■その瞬間は、突然やってくる

本書に書いてある方法で、毎日速読のトレーニングをやっていると、ある日突然、「文章を見ただけで意味が分かる」状態になります。

それはもう、突然です。

これは、英語の勉強と似ているのかもしれません。

英語も、毎日読んだり聞いたりしていると、ある日突然、英語が英語のまま理解できる状態がやってくると言われています。

「脳に新たな言語回路が生まれた」ということで、便宜的にその状態を「英語脳」と呼ぶ場合がありますが、速読に関してはさしずめ「速読脳」ができた状態と言えるのではないでしょうか。脳に関してはこの本では深く語らないので、これ以上の言及は控えておきますが、「その瞬間」は、突然やってきます。

「見ただけで意味が分かる」、文字を頭の中で言語化しなくても意味が取れる状態。速読の世界への入り口です。

最初は本当に不思議な感覚に包まれると思います。

もし、そうなったとしても動揺しないでください。

中には、「見ただけで意味が分かる」のが不自然で気持ち悪くて、せっかく速読の入り口に立ったのに引き返してしまう人もいます。

それではまた一から出直しになってしまいます。

勇気を出して、その先へと突き進んでください！

■「どんな本を読むか？」は自分で決めていい

速読できるようになったらどんな本を読めばいいのか？と聞かれることがあります。それは、自分で決めてください。

受験生だったら参考書でもいいでしょう。社会人の方だったら、興味のある分野の本がいいです。興味のある分野や、必要性に迫られた分野なら、速読しやすいかと思います。

一冊速読してみて、もっと他の本も読んでみたいと思ったら儲けもの、すぐに他の本にも当たってください。分からない部分や気になる部分が出てくれれば、なお良いです。

本を読んでいるからこそ、分からない部分が出てくるのです。

人間、本来は「何が分からないかも分からない」状態で生きています。

分からない部分が何なのか分かっただけ、何が分からないかも分からない人より成長しています。

速読すればするほど、分からない部分が出てきて、分からない部分が分かってくると、さらに新たに分からない部分が出てくる（禅問答みたいにややこしい文章ですみません！）。

その結果、いつのまにか「知の世界」に足を運んでいたりすることだってあります。別に足を運ばなくてもいいんですが、速読ができる人は、その速度が人の数倍になります。

速読によって人生が加速化されるのです。

とにかく、「読みたい本」から読んでいってください。

するとどんどん、「読みたい本」が増えてくるはずです。

読書における正のスパイラルを確立しましょう！

■速読のその他の効能

「速読をすると知識が増えていくのは分かったが、それ以外の効能はないのか？」と言われそうですが、いろいろあります。

一般的によく言われているのが、「頭の回転が速くなった」、「勘が鋭くなった」、「寝てる間に見る夢がリアルになった」、「景色の見え方が変わってきた」というものです。特にその付随効果として、「自信がついた」や「落ち着いて物事を観られるようになった」というのもあります。

これらの中から、私が速読の効能として特に推したいのは「勘が鋭くなった」、言い換えれば「直感力がついた」というメリットです。

超能力というわけではないんですが、速読をやっていると本当に勘が鋭くなります。

速読とは、全体を一気に捉える訓練でもあります。なるべく大きいゲシュタルト（全体的なまとまりの構造）を通して物を見る癖がつくので、部分にとらわれず全体の流れを読めるようになります。それによって、とてつもなく勘が鋭くなるのです。例えば、相手を見ただけで、この人が何を喋ってくるのか先に分かったりします。

おそらく、この部分を徹底して鍛えると、超能力開発の領域に入り込んでしまうのかもしれません。速読本がオカルト路線に進みがちなのも、繋がっているからなのかもしれません。

しかし、私は速読とオカルトは分けて考えるべきだと思っているのでそれ以上は言及しません。

「速読は本を速く読む技術であって、それ以上でもそれ以下でもない」を信条としてますから。

ただ、そういう効能があることは、否定できないと思います。

■受験と速読

この本を読んでいる皆さんの中には、今、高校、大学受験や資格試験が差し迫っていて、それに速読技術を利用したいと思っている方もいらっしゃると思います。

「速読は受験に役立つのか？」とよく聞かれます。

答えを先に言うと、イエスです。

前書きにも書いたとおり、私が速読にのめり込むきっかけになったのが、伝説の受験本「スーパーエリートの受験術」という本の「速読術を身につけろ！」という項目を読んで感動したからなのですが、速読は受験にめちゃくちゃ役に立ちます。

受験というのは、解答のパターンを覚える勉強に他ならないのですが、解答のパターンの記憶こそ、速読＋高速大量回転の組み合わせがとてつもない威力を発揮します。これは間違いないです。

私自身の受験期の話を少ししたいと思います。

私は、中学時代までは、特に勉強が好きというわけでもない、ごく普通レベルの成績の生徒でした。

しかし、速読を始めてから、どんどん成績が上がっていきました。

まず最初に上がったのは、社会科目でした。私は日本史を選択していたのですが、速読で繰り返し何度も教科書を読み、「どこに何を書いてあったか」が全部分かるくらい反復しました。これで偏差値は70を超えました。まさに、「読書百遍意自ずから通ず」ですね。

また、自分は早稲田大学を受験するということで、教科書よりマニアックな問題が出ると聞いたため、「日本史用語集」を毎日ひたすらページをめくりながら眺めることをしました。

実はこれが、先ほどの章で解説した「辞書トレーニング」に繋がっているのです。国語の成績も上がりました。国語に関しては、現代文はそのまま速読に直結しています。例えば「文章からこれについて作者の意図している箇所を○○文字以内で抜き出せ」みたいな「抜き出し問題」などは、速読のカモですぐ解けるし、間違えたこともありません。

ちなみに、これはちょっとした自慢なのですが、私は早稲田の社会科学部の入試で、国語で「満点」を取りました。オールマークシート問題なので、満点は可能なのです。しかも、時間も20分くらい余らせました。

英語についてですが、社会や国語に比べて、一番成績が上がるまでに時間がかかりました。やはり言語が違うと、少し速読はやりづらかったです。ただ、浪人時代の9月に、「辞書トレーニング」を発見し、ジーニアス英和辞典をずっと、それはそれはひたすらずっと眺める勉強をし始めました。これが速読の訓練としても非常によかったのですが、英語の成績も跳ね上がりました。英語は何とかギリギリ試験に間に合ったという感じです。

そのような感じで、英・国・社の三科目に関しては、速読が絶大な威力を発揮します。

ただし、数学などの理数系科目に関しては、速読では厳しいかもしれません。

私も、社会に出てから趣味として数学の本を読むようになりましたが、やはり難しい数式を速読しても「認識はできるが、理解はできてない」ような気がします。しかし、一度解いて完全に理解した問題を、「復習」として確認のために速読する場合は、有効だと思います。

とにかく、文系科目と速読の相性はバツグンです。また資格試験においても、法律などの分野ではかなり有効だと思います。

受験生の皆さんはこの本で速読を使いこなせるようにして、志望校や志望資格に合格突破しましょう！

■私自身の体験談 ～私はどんな本を読んできたか？

受験時代のことを話したついでに、少し私の読書遍歴についても話そうかと思います。

私は高校時代から速読をしていますが、読書自体は小学校の時からやっていました。ちなみに、人生で一番最初に読んだ活字の本は、「磯野家の謎」です。どうでもいい情報ですが（笑）。

高校時代に速読にハマり、いろいろな速読法の本を買うようになりました。

そこから、記憶術や勉強術に派生して、その流れで自己啓発本に熱中するようになったのです。当時は、まだ若かったので自己啓発本にのめり込んでしまいました。アメリカ・ニューソート系の成功心理学本はほとんど目を通したと思います。

今となってはこのような本を読むことは必要に駆られない限りほぼないですが、今にして思うと、二十歳そこそこの頃に自己啓発本にかぶれておいてよかったと思っています。自己啓発本は「はしか」のようなもので、若い頃にかぶれて免疫をつけておくと、年を取ってからはかぶれません。

悲惨なのは、四十、五十歳になって読書を始めた人が、自己啓発本にかぶれてしまうことだと思います。

自己啓発本には一時的に気持ちを高ぶらせるなどの効能がありますが、世の中の本質を見えづらくさせるというデメリットもあります。

話が逸れましたが、二十歳くらいの時に自己啓発本にハマりました。そこから、だんだんオカルト系の本にのめり込んでいくようになりました。

速読からスタートして能力開発に行きつき、その流れから気功、ヨガ、古神道、密教、魔術と、洋の東西を問わずオカルトにのめり込んでしまいました。

中でも中国仙道の高藤聡一郎氏に激ハマりし、絶版となった著作を全部集めたりしていました。

高藤氏は日本に仙道を広めた「仙人」としてその界隈では有名な方です。ちなみに高藤氏の仙道本「秘術！超能力仙道奥義」には「気」を使った速読法も紹介されています。

あと、「仙道魔術・遁甲の法」という本にはウィン・ウェンガー氏の「イメージストリーミング」を使った方法が紹介されており、そこからまたフォトリーディングとの繋がりを感じたりしていました。

この辺りは、オカルトですが宗教性は低く、読み物として面白かったのでハマる要素は存分にありました。

その後は、また能力開発に戻ってくるのですが、オカルト系の本を脱するきっかけとして、苫米地英人氏の「洗脳原論」と「洗脳護身術」を読んでとても感銘を受けたから、というのもあります。ちなみに苫米地英人氏も速読術の本「ほんとうに頭がよくなる『速読脳』のつくり方」を出されています。脳機能学者らしい、なかなか素晴らしい速読本だと思います。

話を戻します。そこから、ちょっと意味が分からないのですが、モテ本やナンパ本を集めたりもしていました。今考えるとわけの分からない本にのめり込んだ時代です。

最近では、発想術の本や会話術の本、「声」に関する本を集めています。

勿論、速読、読書の本は、すべての時代で手に入るものはすべて収集しています。

速読本コレクターとしても活動しているのです。

ちなみに記憶術、勉強術の本も、ほぼすべて収集しています。これらの本には、サブメインとして速読に関する記述があることが多いからです。

また、文章術の本も集めているのですが、これは、「書く側」の思考をマスターすることで、何か速読のヒントがあるのではないか？と考えたからです。

極めつけは、「遅読術」「スローリーディング」の本も、手に入るものは全部集めています。速読とは逆の極端を知ることによって、逆に速読のことが見えてくるのではないかと考えたからです。

このように、私は様々な本を収集していますが、センターピンとして「速読」は、25年間私の中から1ミリたりとも動いていないのです。

■なぜ速読をする必要があるのか？

皆さんは、「人生を変えるほど衝撃を受けた本」に出会ったことがありますか？

私はあります。

私にはそういう本が五冊程ありまして、その五冊の本は、読み込み過ぎて手垢で真っ黒、装丁もはずれ、テープで補修しながらもボロボロになるまで読み込んでいます。何千回何万回とページをめくっているから、内容も完全に脳に転写されています。

私は五千冊の本を所有しているのですが、そこまでボロボロに読み込んでるのは、その五冊だけです。

で、五千冊の内100冊くらいは、その五冊ほどではないにしろ、程度の差こそあれ結構ボロボロになっています。

まあ、あとの4900冊は、そこまで読み込んでないってことですね。

私も最初から、5000冊の本を集めようとしたわけでありません。

一冊一冊、「次こそは『人生を変える一冊』に出会えるんじゃないか」という思いで読んでいます。でも、そういう本にはなかなか出会わない。確率的には1000冊に一冊の割合です。ちょっと凄いなと思える本でも50冊に一冊の割合。

しかし、5000冊に触れたからこそ、五冊もの「人生を変える本」に出会ったわけです。本を読まない人は、「人生を変える一冊」に出会うことはありません。

人生で100冊読む人でも、「人生を変える一冊」に出会う確率は低いです。

でも、1000冊読む人なら、一冊くらい出会う可能性はあります。

もちろん、1000分の1というのは、私が勝手に弾き出した数値に過ぎません。ですが、「人生を変える一冊」に出会う可能性というのはそれくらい低いのです。

世間の人たちは、とかく「速読家は、本を軽く読み流して深く読んでいない人」と思いがちです。

しかし、それは間違いです。

本当に大事な本は、深く読みます。何回も何回も読みます。脳に転写されるまで読みます。

そういう本に出会うために、速読しているのです。

素晴らしい本に出会うために、速読で本との出会いの母数を極限まで上げているのです。

そしてもう一つ。5000冊読んだ内の、軽く読み流した4900冊は無駄だったのか？　無駄では決してないんです。その本達がなければ、素晴らしい本には出会えなかったわけですから。

皆さんも、速読をマスターして、どんどん、どんどんたくさんの本を読んでいってください。皆さんが、興味のある本からでいいです。

読んでいるうちに、どんどん興味の対象が広がってきます。
それでも速読し続けるんです。
いつかきっと「人生を変える一冊」に出会えると思います。
その瞬間が、速読をし続ける醍醐味でもあるのです。

コラムその❺

速読をやりすぎて「失語症」になった話

受験時代の話を書きましたが、本当に、速読を活用することで成績は爆上がりしました。

しかし、ちょっと問題が起こった話をしたいと思います。

私、四国の徳島県出身なんですが、浪人したのは東京の代々木ゼミナールなんです。

それで、18才の時に単身、代ゼミの寮に通うために上京してきたんですよ。

田舎者がいきなり東京で生活するもんですから、全然慣れずに、友達が一人もできなかったんです。友達がいないもんだから、言葉を発する機会も全くないんですね。

そんな状態で、速読トレーニングばっかりやっているわけだから、何と、私、喋れなくなってしまったんです。口からちゃんと言葉が出なくなってしまった。

速読というのは並列処理で、一気に同時に情報をインプットする技術です。並列化しすぎて、会話というアウトプットするとき、処理が上手くできなくなってしまったわけです。声に出すときは、直列処理ですから。

まあ、大学に入ってから人と喋るようになって治ったんで笑い話ですみました。

「速読のやりすぎで失語症になった」、芸人として「スベらない話」を一つ手に入れた感じですね。

皆さんも、速読をしすぎて失語症にならないように、周りの人とのコミュニケーションは怠らないようにしましょう。

第六章

日本唯一の速読芸人として

■私は、「日本唯一の速読芸人」としてどんな活動をしているのか？

ここまで本書を読んで、「一体、この人は何者なんだ？」と思った方もたくさんおられると思います。

ただの速読好きな素人が「やれこの速読法はこうだ」「あの速読術はどうだ」と、偉そうに書き散らしているのですから、無理もありません。

また、それが「売れてない芸人」なもんですから、怪しさ倍増。「売れてない芸人」に、社会的信用なんてまずないですもんね。

そもそも、今の芸人界、M－1とかキングオブコントの決勝まで行って売れる奴なんて一握り、9割近い芸人がアルバイトをしながらライブ活動をしているわけですから。

まあ、ストレートに「ネタ」で売れる芸人なんて、限られた一部の人たちだけですから無理もありません。

そんな中で、最近は「ネタ以外」で売れる芸人というのが少なからず出てきています。

そう、芸人が元々持っている「特技」を活かして面白く紹介するのです。「料理」が得意な「料理芸人」、「家電」に詳しい「家電芸人」、また東大を出ている「東大芸人」とかもその類いです。

こういう出方の方が、メディアとしても使いやすいのでしょう。このパターンの方が、ネタで売れるよりも売れやすいと芸人界でもまことしやかに言われています。

私も「速読芸人」を名乗っているので、このパターンのプロモーションで売れようとしていると、周りから思われがちです。

確かに、そう言われるとそうかもしれません。その意図があるのはゼロではない。

しかし、「〇〇芸人」という言葉に見え隠れする「一つの前提」が、私的には気に掛かるのです。

それは、「〇〇芸人」は、「本業でそれをやっている人には劣る」という何となく蔓延《はびこ》っている前提です。

例えば、「料理芸人」は、料理が上手い芸人だけど、本物の「料理人」と比べると落ちる。「野球芸人」は、芸人の中では野球が上手いけど、「プロ野球選手」に比べると負ける。

このような前提です。

「〇〇芸人」というのは、「芸人の中ではすごい」または「一般の人よりはそれができる芸人」というような固定観念があるのではないでしょうか。

私は「速読芸人」を名乗っていますが、この流れで言うと「芸人の中では本を読むのが速い」「一般の人よりは速読ができる芸人」ということになります。

本音を言うと私はそれが、少しイヤなのです。

今、多くの売れていない芸人達は、事務所から催促され、「何か特技を持ってこい」「その特技を活かして〇〇芸人を名乗れ」「その特技でオーディションに行け」という風潮ができてしまっています。

そういった風潮なので私も、「とりあえず速読ができるから、速読芸人を名乗ってみた芸人」と思われがちなのです。

しかし、私はそう思われたくないのです！

私にとっては、速読の方が大事だからです。

もう一度言いましょう。速読の方が芸人よりも大事なのです。

「売れない芸人」が売れるための手段として名乗った特技芸人とは違うと声を大にして言いたい。

私は芸人としては16年やっていますが、速読は25年やっています。

確かに、芸人は自分で選んだ職業。芸人で売れることは目標であり、夢でもあります。

しかし！速読は人生そのものなのです。

芸人は目標なので、諦める可能性はゼロではないですが、私の人生において速読をやめる可能性はゼロなのです。

そして、私は芸人ですが、速読業界の方々よりも速読のことを愛している自負があります。

この業界、凄い方々がいらっしゃるのは百も承知ですが、速読に関することでは誰にも負けたくはないと思っています。

■定期的に現れる「速読否定記事」に噛みつく

ネットを閲覧していて、とにかく腹立たしいことがあります。

それは、定期的にネットニュースなどに現れる「速読否定記事」についてです。

私は、グーグルやヤフーなどでよく速読について検索するので、速読に関するネットニュースが出ると、マイページのトップに出るような仕様にしています。

そこで、半年に一回くらいの割合で、「速読は意味がないことが分かった」みたいな内容のネットニュースが出てくるのです。

毎回、書いている内容は同じようなことばかりで、「イギリスの○○大学の脳科学研究チームによると…人間の脳では速読が不可能だということが分かった」みたいなテンプレ文章で書かれているのです。

で、その記事のコメント欄には、「本はゆっくり読んだ方がいい」「速読してるヤツは頭が悪い」みたいなコメントがたくさん書かれるのです。

まさにそこでは、速読が、「邪教」みたいな扱いをされているのです。

私はこの事が非常に悔しいです。

とりあえず、「イギリスの○○大学の脳科学研究チーム」みたいな文献の取りづらいデータを持ってきて、とにかく速読をクソミソに否定する。何か裏で大きなマネーが動いている闇を感じざるを得ません（私、陰謀論が好きなんです）。

私は、速読肯定派として、こういう記事が出たら晒し上げて必ず否定するようにしています。

本当、あれは一体、何のために掲載されてるんでしょうかね。

■日本初の「速読お笑いライブ」開催の顛末

速読芸人としての活動の一環として、速読ライブも二回開催しました。

一回目は、2020年1月18日、新宿 naked loft にて開かれた、「ルサンチマン浅川の速読狂ライブ」というイベントです。

これは、後輩芸人の広田康人君と一緒に速読について語って語って語りまくるライブです。

▼新宿 naked loft にて開かれた「ルサンチマン浅川の速読狂ライブ」

多くのお客様に入っていただき、満足度の高いライブとなりました。

「速読ライブ」とは一体どんなものなのか。それは、「速読セミナー」と「お笑いライブ」の融合であり、笑って速読が学べる「速読芸人」である私しかできない内容だったと自負しています。

その後、日本は新型コロナウィルスによる外出自粛の風潮により、イベントなどは一時的に控えなければならなくなってしまいました。

そんな中で、7月22日にロフトプラスワンにて第二弾「ルサンチマン浅川の速読狂ライブ〜速読対談編」

を配信ライブとして開催することになりました。

その時の話をしたいと思います。

このライブをやるにあたって、対談ゲストとして速読業界の人を呼ぼうと決めていたので、何人か候補を挙げていました。

しかし、どの速読家にメールをしてもなしのつぶてで、返事が返ってこなかったりしました。

私が、速読業界の閉鎖性を身をもって体感したのはこの時です。

そんな中、「SP速読学院」の橘遵先生だけがこちらの話をキチンと聞いてくださり、出演してくださることになりました。

7月当時は、歌舞伎町で新型コロナウィルスのクラスターの発生が多発していた時期で、ご高齢の橘先生が歌舞伎町のロフトプラスワンに来られるのは危険なのではないかという意見もありました。結局、橘先生の自宅がある京都からのリモート出演となったのですが、ライブ前日にSP速読学院の新宿校に来られるということで、喫茶店にて速読についてお話を聞かせていただきました。

橘先生は、速読についてとても熱い思いを持たれていて、速読業界にも、このような方がいるんだなと思いました。

そもそも、速読芸人である私のことも認知してくださっており、分かった上で対談してくださったのです。

リモート出演してくださったライブも大盛り上がりでした。

ライブの最後に、ボケで「SP速読学院に講師として雇ってください！」と橘先生にフってみたところ、「まずは芸人として売れて有名になってください！応援します」と。とてもウィットに富んだ返しをしてくださいました（元々、私もSP速読学院に行くつもりはないですからね）。

ライブではキッチリと速読についての考えを述べてくれた橘先生には、とても感謝しています。

■私の最終目標

ここまで書いて、「日本唯一の速読芸人」である私の最終目標について述べたいと思います。

それは、「日本にもう一度速読ブームを起こすこと」です。

ここまでいろいろ分析した結果、速読ブーム自体はもう一度近年のうちに必ず起こると思います。

ですが私の夢は、「自分が発端となって」速読ブームを起こすことです。

この本を書いたのも、その一助となればという思いからです。

ですから皆さん、この本を読んで速読ができるようになったら、ＳＮＳに書いて宣伝して欲しいです。

この本を読んだマスコミ関係者の方々、速読ブームを起こそうとここまで躍起になっている売れない芸人がいるということを、できればフューチャーして欲しいのです。

私は速読を引っ提げ、メディアに登場したいと思っています。

速読に対する速読否定派による反対意見や、別の速読団体からいろいろ言われたりすることもあるかもしれません。

しかし、もしそうなったとしても私は折れるつもりは一切ありません。

それくらいの覚悟は持っているつもりです。

日本にもう一度速読ブームを!!

協力してくだされば、幸いです。

■「本を速く読むことが、人生のすべてだ！」

この項で、この本の内容は終わりです。

いろいろ語りましたが、最後にこれだけは言っておきたいです。

「本を速く読むことが、人生のすべてだ」と。

これが、私の人生のテーゼです。

私は、誰よりも本を速く読みたいのです。どんな人よりも、1秒でも速く本が読めるようになりたい。本を読む速さに関しては、大学教授よりも司法試験トップ合格者よりも東大首席卒業者よりも上をいきたい。

それが私の本音です。

私は芸人をしていますが、そんな社会的地位の高低に関係なく、本を読む速さだけは、誰にも負けたくないのです。

「速読に人生を捧げたい」

そう思って書いた一冊の本が、本書です。

何度か本書でも触れましたが、「速読」という行為は、世間からうっすらとバカにされています。

「本なんてゆっくり読んだ方がいいじゃん」

「速読なんてやってる奴は胡散臭い」

「そんなに速く読んで理解できてるの？」

このような意見が、速読に対する一般的な世論となっています。

私は、この状況が非常に嘆かわしいのです。

だからこそ、私は敢えて旗を掲げていきたい。

「本は速く読めば読むほど理解ができる」

「速読やってる奴は、時代を先取りしてカッコいい」

「本なんて、速く読んだ方がいいじゃん」

というような意見が、一般的な世論になるような世の中になったらいいと思ってます。

▼「本を速く読むことが、人生のすべてだ！」──ルサンチマン浅川

目標は「日本一億総速読社会」です（↑何を言ってんだ！）。

まあ、少し過激な発言になってしまいましたが、今のは言い過ぎとしても、それくらいの覚悟と気概を持って動いているのです。

私は、速読を広めるために、この社会に一石を投じ続けるつもりです。

速読は、皆さんの人生を変えてくれる最後の福音です。パンドラの箱から最後に出てきたもの、それが速読です。遣隋使が日本に伝えたものも、ザビエルが日本に伝えたかったものも、ペリーが来航して日本に条約を締結させた理由も、速読だったと聞いております（スミマセン嘘です！　調子に乗りすぎました！）。

だから私は、とにかく速読をして、脳が腐るほど速読をして、速読のことを考えたまま死にたいのです。

私は、25年速読をやっていますが、まだ自分の速読が完璧だとは思っていません。研究すれば研究するほど、新しい発見があります。こんなに奥が深くて、面白いことは私の人生で他に出会ったことがありません。

私は、まだ速読の世界の入り口にしか立ってないような気がします。まだまだ速読修行中の身です。

明日には、とてつもなく速く読める方法を見つけるのではないか？そんな期待をしながら、毎日速読をしています。

速読のことを調べて、調べて、調べまくって、もっともっと本を速く読みたい。そしてそのまま死にたい。

その時、私の墓碑銘（エピタフ）にはこう書かれているはずです。

「本を速く読むことが、人生のすべてだ」と。

以上です。

ここまで読んでくださってありがとうございました!!

資料編 ルサンチマン浅川所有の

速読本300冊リスト

1「速読術」馬淵時彦・藤田拓司　読売新聞社　1962年
☆2「応用自在システム速読法」栗田昌裕　角川書店 1988年
☆3「実践速読法」芦田献之　講談社　1986年
○4「速読の科学」佐藤泰正　講談社　1988年
5「速読・乱読・熟読のコツ」服部一敏・明坂英二　こう書房　1982年
6「新書1冊を15分で読む技術」日本速読協会・井田彰　祥伝社　2009年
7「『横書き』を読むスーパー速読1週間」日本速読協会　祥伝社　2011年
○8「読書の技法」佐藤優　東洋経済新報社　2012年
9「日経新聞が5分で読める速読術」川村明宏・若桜木虔・川村哲明　サンマーク出版　1990年
10「3日で身につく実践・速読法」若桜木虔・川村明宏　大陸書房　1988年
11「超高速右脳読書法」中谷彰宏　ダイヤモンド社　2003年
◎12「栗田博士の読書スピードが10倍になる本」栗田昌裕　コスモトゥーワン　1994年
13「フォーカス・リーディング講座」寺田昌嗣　PHP　2011年
14「だから速読できへんねん！」呉真由美　生産性出版　2009年
15「考える力がつくフォトリーディング」山口佐貴子・照井留美子　PHP　2009年
16「瞬読」山中恵美子　SBCreative　2018年
17「プチ速読」池江俊博　総合法令　2006年
18「波動速読法・実践編」七田眞　KKロングセラーズ　2001年
19「速読法と記憶法」栗田昌裕　ベスト新書　2001年
20「一日が27時間になる！速読ドリル 短期集中編」角田和将　2017年
21「スポーツ速読完全マスターBOOK」呉真由美　扶桑社　2010年
22「究極の読書法」鴨頭嘉人　かも出版　2020年
23「5日間でマスターする超速読法」佐藤泰正　PHP 1997年
24「1冊10分の超速読術」川村明宏・川本コオ　日本文芸社 1993年
○25「左脳らくらく速読術」川村明宏・若桜木虔　光文社 1989年
26「奇跡のスーパー速読法」加古徳次　祥伝社　1984年
27「速読の科学」佐々木豊文　光文社　1995年
○28「超速読力」齋藤孝　ちくま新書　2019年
29「仕事に活かす！フォトリーディング」主藤孝司　PHP　2010年
◎30「人生を拓くSRS速読法」栗田昌裕　ネスコブックス　1989年
31「催眠速読術」松岡圭祐　タツの本　1997年
32「最強の速読法入門」山本浩明　実業之日本社　1993年
33「速読術でみるみる学力が上がった」川口奈奈・台夕起子　徳間書店　1985年
34「受験速読術」山下隆弘・台夕起子　徳間書店　1989年
○35「速読で脳と仕事が変わる！」別冊宝島編集部　宝島社　宝島SUGOI文庫　2011年

素晴らしい☆　特によかった◎　よかった○

71「すらすら速読入門」福島哲史　ぱる出版　2005年
72「遅読家のための読書術」印南敦史　ダイヤモンド社　2016年
☆73「決定版！速読トレーニング」川村明宏・若桜木虔・田浦龍雄
ダイナミックセラーズ出版　1989年
74「リラックス速読法」光永忠正　プレジデント社　1988年
75「究極の速読法」松岡久純　研究社　2009年
76「1日集中！速読力トレーニング」今村洋一　アスカ　2008年
77「ACTION READING」赤羽雄二　SoftbankCreative　2016年
78「10倍読むのが速くなる速読のスキル」斉藤英治　あさ出版　2004年
79「超速読 超記憶法のススメ」山下隆弘　かんき出版　1988年
80「実践波動速読法」飛谷ユミ子　エコー出版　2003年
81「3分間速読上級篇」台夕起子　ビジネス社　2002年
82「一冊からもっと学べる エモーショナル・リーディングのすすめ」矢島雅弘
ディスカバー・トゥエンティワン　2014年
83「死ぬほど読めて忘れない高速読書」上岡正明　アスコム　2019年
84「試験に受かる速読勉強法」松田真澄　日本実業出版社　2010年
85「目と脳がフル回転 速読らくらくエクササイズ」松田真澄
日本実業出版社　2004年
○86「受験速読 大学受験必勝テクニック」若桜木虔　川村明宏　センケン　1988年
87「脳のワーキングメモリを鍛える速読ジム」松田真澄　日本実業出版社　2015年
88「社労士学習が10倍速くなる独学速読法」真島伸一郎　住宅新報社　2000年
89「1日5分見るだけで、1週間で勝手に速く読める！瞬読ドリル」
山中恵美子　SBCreative 2020年
90「マインドマップ読書術」トニー・ブザン　ディスカバー・トゥエンティワン　2008年
91「運動能力がぐんぐん伸びる！スポーツのための速読ビジョントレーニング」
内藤貴雄　池田書店　2012年
92「子どもの速読トレーニング」寺田昌嗣　PHP　2014年
93「5秒で試験問題を読み解く『速読』ドリル」台夕起子　経済界　2010年
94「七田式7日で挑戦！簡単過ぎる右脳速読」七田眞　ゴマブックス　2006年
95「すごい読書術」角田和将　ダイヤモンド社　2018年
96「七田式超速読法」七田眞　ヒューマンサイエンスアカデミー　2011年
97「身につく速読　身につかない速読」渡辺篤志　ギャラクシーブックス　2017年
98「魔法の速読」呉真由美　メディアファクトリー　2011年
99「速読訓練教材」日本速読セミナー　日本速読セミナー　1986年
100「多読術」松岡正剛　ちくまプリマー新書　2009年

36「『最速で考える力』を東大の現代文で手に入れる」相澤理　KADOKAWA 2017 年
37「『三日で修得できる速読法』殺人事件」若桜木虔　光文社文庫　1988 年
38「驚くべき速読術」佐藤泰正　三笠書房　1999 年
39「すごい速読術」斉藤英治　ソフトバンク文庫　2008 年
40「速読脳があなたを変える」台夕起子　廣済堂　1997 年
41「ひと晩 5 冊の本が速読できる方法」橘遵　河出夢新書　2002 年
◎ 42「栗田式奇跡の速読法」栗田昌裕　PHP 1997 年
○ 43「東大理Ⅲスピード読書術」佐々木京聖　学研プラス　2020 年
44「人生が変わる『朝5分』速読勉強法」高島徹治　講談社＋α文庫 2005 年
45「本がいままでの 10 倍速く読める法」栗田昌裕　三笠書房　2002 年
◎ 46「ほんとうに頭がよくなる『速読脳』のつくり方」苫米地英人 PHP 文庫　2010 年
47「フォトリーディング超速読術」フォトリーディング公式インストラクターズ　フォレスト出版 2010 年
48「速読・速算で脳はいっぺんに動き出す！」若桜木虔　青春出版社　2010 年
49「1 日 5 分の面白トレーニング速読力養成パズル」橘遵・北村良子　河出書房新社　2020 年
50「スピード読書術」宇津出雅巳　東洋経済新報社　2008 年
51「驚異の速読法」栗田昌裕　学研 M 文庫　2001 年
◎ 52「あなたもいままでの 10 倍速く本が読める」ポール・R・シーリィ　フォレスト出版　2001 年
53「脳トレ速読」川村明宏　日本文芸社　2015 年
54「わらし仙人の 30 倍速読術」わらし仙人　ゴマブックス　2004 年
55「視力もぐんぐんよくなる速読術」中川和宏　総合法令　2012 年
56「速読思考」角田和将　朝日新聞出版　2016 年
57「キーワード読書術」村上悠子　フォレスト出版　2020 年
58「脳を鍛える速読術」栗田昌裕　廣済堂　1995 年
59「頭が良くなる小学生の国語速読法」新日本速読研究会　産心社　2003 年
60「みんなの速読」堀川直人　幻冬舎　2014 年
61「3日でマスターできる資格試験のための超速読法」若桜木虔　日本法令　1988 年
62「脳を活性化する速読メソッド」呉真由美　PHP 文庫　2012 年
63「9.07 倍速くなるひかり速読法」鈴木昭平 KK ロングセラーズ 2008 年
64「神・読書術」坂本海　ぱる出版　2019 年
65「速読記憶術」若桜木虔　すばる舎　2007 年
66「人を出し抜く速読術」キーマンネットワーク　主婦の友社　2007 年
67「3 分間『超』速読トレーニング」川村明宏　成美文庫　2003 年
○ 68「ぼくが読んだ面白い本・ダメな本 そしてぼくの大量読書術・驚異の速読術」立花隆 文芸春秋 2001 年
69「仕事に使える速読術ラクラク講座」川村明宏　青樹社　1992 年
70「決定版！超カンタン速読入門」寺田昌嗣・玉城博正　金の星社　2002 年

素晴らしい☆　特によかった◎　よかった○

133「頭の回路が変わる1冊10分の速読法」栗田昌裕　KK ロングセラーズ　2010年
○ 134「1日15分の速読トレーニング術」若桜木虔・川村明宏　ワニの本　1989年
135「読んだら忘れない読書術」樺沢紫苑　サンマーク出版　2015年
136「即効！速読術」伊多波碧・嵯峨野晶　タツの本　2002年
137「スピード脳が可能にする速読・記憶法」七田眞　KK ロングセラーズ　2007年
138「10日間で読解力倍増 超感覚速読法」河合晴夫　徳間書店　1991年
139「天才児をつくる速読術」台夕起子　ワニの本　1997年
140「読書家の新技術」呉智英　朝日新聞社　1987年
141「大学入試ラクラク突破 速読受験術」川村明宏・若桜木虔　二見書房　1989年
142「本をサクサク読む技術」齋藤孝　中公新書ラクレ　2015年
143「30時間トレーニング速読速解法」速読速解法研究センター　日本実業出版社　1987年
◎ 144「知力を高める驚異の共鳴速読法」栗田昌裕　廣済堂出版　1998年
145「快読術」長谷邦夫　ダイヤモンド社　1990年
146「超速読知られざる受験勉強法　理数系を目指す人へ」川村明宏　若桜木虔　浜田宏陽 1989年
147「七田式波動速読法 超実践トレーニング」七田眞　KK ロングセラーズ　2002年
148「情報時代の速読法」安藤栄　立風書房　1988年
149「速読トレーニング」佐藤泰正　講談社　1995年
150「ひと月百冊読み、三百枚書く私の方法」福田和也　PHP 2001年
151「スーパー速読1週間ドリル」日本速読協会　祥伝社　2005年
152「最強の速読術」斉藤英治　河出書房新社　2006年
○ 153「図解！あなたもいままでの10倍速く本が読める」神田昌典 フォレスト出版 2005年
154「キャリアが高まる速読勉強法」松田真澄　日本実業出版社　2008年
155「千夜千冊虎の巻 読書術免許皆伝」松岡正剛　求龍堂　2007年
156「これは使える！栗田式速読トレーニング」栗田昌裕　PHP 2005年
157「カリスマ早大生が教える やばい！速読現代文」黒田美帆　ゴマブックス　2006年
158「右脳を使えばすごいスピードで本が読める」中谷彰宏　イースト・プレス 2004年
159「3週間速読ビジョントレーニング」内藤貴雄　PHP 研究所　2008年
160「読書 HACKS」原尻淳一　講談社＋α文庫　2013年
161「超ビジネス脳の作り方 速読で脳と仕事が変わる！」別冊宝島　宝島社　2011年
162「速い！かんたん！おもしろい！超速読トレーニング」橘遵　幻冬舎エデュケーション 2011年
163「イラスト図解版 ひと晩5冊の速読術」橘遵　河出書房新社　2010年
164「ホワイトハウスの記憶速読術」斉藤英治　ふたばらいふ新書　2001年
165「戦略読書」三谷宏治　ダイヤモンド社　2015年
166「ビジネス実践速読法」吉本元紀　主婦の友社　1987年
167「きみにもできる！！スーパー速読法」伊東弘祐　読売新聞社　1986年

◎ 101「SP式速読記憶トレーニング教本」橘遵　辰巳法律研究所　2001年
102「決算書速読術」望月実・花房幸範　阪急コミュニケーションズ　2008年
○ 103「定本キム式速読法」金湧眞　朝日出版社　1986年
○ 104「速読術が日本史でマスターできる本」武光誠・橘遵　幻冬舎　2003年
105「7日間で成果に変わるアウトプット読書術」小川仁志　リベラル社　2016年
106「聞くだけで速読ができるCDブック」斉藤英治　あさ出版　2016年
107「大学生のための速読法」松崎久純　慶應義塾大学出版会　2017年
108「ダイナミック英語速読」橘遵・若桜木虔・北尾謙治・北尾Sキャスリーン　スリーエーネットワーク　2006年
◎ 109「真島の速読+理解式学習法」真島伸一郎　住宅新報社　2005年
110「本は10冊同時に読め！」成毛眞　知的生き方文庫　2008年
111「速読トレーニングブック」安藤榮　C&R研究所　2007年
112「確実に身につく速読の技術」橘遵・若桜木虔　2012年
113「世界一やさしい速読の授業」園善博　SoftBankCreative 2011年
114「1日が27時間になる速読ドリル」角田和将　総合法令　2017年
115「本を読むときに何がおきているのか」ピーター・メンデルサンド　フィルムアート社　2015年
116「親子でかんたん速読ドリル」磯一郎　JMAM　2018年
○ 117「速読法と記憶法 パワーアップ編」栗田昌裕　ベスト新書　2002年
118「日本人ならやっておきたいひらがな速読法」吉岡節夫　KKロングセラーズ　2011年
119「『ビジネス速読』仕事術」椋木修三　PHPビジネス新書　2010年
120「頭がよくなる速脳術」川村明宏　光文社　1993年
121「速読術でマルチ能力開発を！」川村明宏・大石達也・若桜木虔　日本実業出版社　1991年
122「速読で頭がよくなるすごい勉強法」若桜木虔　青春出版社　2008年
123「財務諸表『寝かせ読み』速読法」原田博実　アスキー新書　2010年
124「月に50冊読める速読術」斉藤英治　徳間書店　1988年
◎ 125「『読む』技術 速読・精読・味読の力をつける」石黒圭　光文社新書　2010年
126「脳を鋭くする知られざる速読記憶法」藤本憲幸　文化創作出版　1987年
127「仕事力を10倍高める速読トレーニング」栗田昌裕　PHP 2002年
128「実戦・スーパー速読術『1冊を1分』の方法」日本速読協会　祥伝社　1986年
129「日経新聞を『早読み』する技術」佐藤治彦　PHPビジネス新書　2011年
130「読書の全技術」齋藤孝　KADOKAWA　2014年
131「続・速読術でみるみる学力が上がった」山下隆弘　徳間書店　1991年
132「視力回復超速読術」川村明宏・若桜木虔　日文新書　2002年

素晴らしい☆　特によかった◎　よかった○

202「『速読脳トレ』で成功する勉強法」呉真由美　辰巳出版　2019年
203「速読受験術」椋木修三　PHP 2007年
204「まばたき速読術」わらし仙人　ランダムハウスジャパン　2010年
205「速読・速解・即戦力」速読速解法研究センター　アス出版　1988年
206「読むのがみるみる速くなる本」佐藤泰正　PHP 2002年
◎ 207「みんなできた!!一分20ページ読み速読塾」栗田昌裕 コスモトゥーワン 1992年
208「はじめての速読 私達がフォトリーディングを選んだ理由」立石聖子
スマイルリーディング　2010年
209「頭の回転が良くなる10倍速読術」斉藤英治　KKベストセラーズ　2002年
210「20倍の速読み法」中川昌彦　日新報道　1981年
211「才能が目覚めるフォトリーディング速読術」山口佐貴子　宝島社　2017年
212「日本一の速読教室」石井真　KANZEN 2018年
213「サブリミナル方式で超速読・超記憶ができる本」山下隆弘　かんき出版　1995年
214「速読日本一が教える 速読の教科書」角田和将　JMAM 2020年
215「時間が10倍有効活用できる『速読脳』」台夕起子　ビジネス社　2009年
216「余裕の速読」堀川直人　サンマーク出版　2003年
217「絶妙な『速読』の技術」佐々木豊文　アスカ　2005年
218「40歳からの人生を変える1日10分速読勉強法」高島徹治　2003年
219「光の『速読法』と『記憶法』が5日間で身につく本」栗田昌裕　三笠書房　2014年
220「日本一かんたんな速読術」田中孝顕　きこ書房　2007年
221「脳力アップ超速読術」斉藤英治　日本文芸社　1997年
222「必要な知識を15分でインプットできる速読術」高橋政史　クロスメディア・パブリッシング　2011年
223「べんり速読術」斉藤英治　日本実業出版社 1998年
224「世界一わかりやすい速読の教科書」斉藤英治　三笠書房　2010年
225「速読速解実践トレーニング術」佐藤泰正・佐藤将朗　KKベストセラーズ　2001年
226「脳を強化する読書術」加藤俊徳　朝日新聞出版　2017年
227「『一冊10分』で読める速読術」佐々木豊文　三笠書房　2010年
228「脳を活性化する速読メソッド」呉真由美　PHP 2009年
229「1ページ9秒 12倍速く本が読める」渡部英夫 コスモ21 2013年
230「速読・速解の技術」西村晃　大和出版　2002年
231「時間がない人のための即効読書術」坪井賢一　洋泉社　2017年
232「速読のススメ」阪本一郎　学芸図書　1969年
◎ 233「親子で挑戦!らくだ速読法」山根修二　文芸社　2006年
234「速読暗記勉強法」牛山恭範　日本実業出版社　2013年
235「1,000,000人の科学的速読法」佐々木豊文　現代書林　1987年

168「ライバルに大差をつける超速読トレーニング」すがやみつる 徳間書店 1987年
169「頭がよくなる超読書法」佐々木豊文 PHPビジネス新書 2008年
170「超右脳速読術」川村明宏・若桜木虔・栗田実 徳間書店 1991年
171「1冊を6分で読める波動速読法」七田眞 KKロングセラーズ 2000年
172「『速読』実践トレーニング」照井留美子 PHPビジネス新書 2012年
173「情報量が10倍になるNLP速読術」松島直也 フォレスト出版 2012年
174「頭の回転が3倍速くなる!速読トレーニング」角田和将 総合法令 2016年
175「栗田博士の速読法であなたの能力は全開する」栗田昌裕 KKロングセラーズ 1993年
176「頭のいい速読力」佐藤泰正 青春出版社 2010年
177「7日間1日15分で脳力アップ!速読ラクラクトレーニング」新日本速読研究会 日本実業出版社 1995年
178「速読の基本が面白いほど身につく本」呉真由美 中経出版 2013年
179「世界一楽しい速読」楽読研究所 学研 2013年
180「5倍で読める!速読最新トレーニング」継本まどか 河出書房新社 2016年
181「世界一たのしい速読勉強法」斉藤英治 三笠書房 2013年
182「ネット速読の達人ワザ」コグレマサト 青春出版社 2011年
183「すぐに習得できる超速読術」新日本速読研究会 日東書院 1992年
184「毎分10万文字を読破できる超速読脳トレーニングの秘密」佐々木豊文 こう書房 2015年
185「右脳速読」田島安希彦 ゴマブックス 2005年
186「よくわかる10倍速読が身につく法」安藤栄 アスカ 2002年
187「記憶に残る速読」堀大輔 アイバス出版 2017年
◎188「ズバリ実戦速読法」芦田献之 政経通信社 1989年
189「超聴き・超読みで頭の回転がみるみる良くなる!」斉藤英治 日本実業出版社 2002年
190「ひらがな速読法」吉岡節夫 エコー出版 2012年
191「大人のスピード読書法」中谷彰宏 ダイヤモンド社 2000年
192「『超』速読法」佐藤泰正・桐原宏行 メタローグ 1996年
193「ハイパワー速読速解法」速読速解法研究センター メディア・ルウ 1991年
194「『プチ速読』で読書スピードが2倍になる」池江俊博 アスカ 2019年
195「聴くだけで頭がよくなる『速読脳』養成CDブック」井上裕之 マキノ出版 2012年
196「現役・東大院生の速読術」原田考太・速読研究会 青志社 2010年
197「即効!宅建速読」川村明宏・木村吉伸・吉村信之 ダイナミックセラーズ 1989年
198「速読勉強術」宇津出雅巳 すばる舎 2007年
199「快速読書法」速読速解法研究センター メディア・ルウ 1993年
200「スーパー速読法」新日本速読研究会 経林書房 1992年
201「記憶力アップの超速読法」若桜木虔・角屋栄三 日本法令 1991年

素晴らしい☆ 特によかった◎ よかった○

○ 270「知識を操る超読書術」メンタリスト DaiGo　かんき出版 2019 年
271「フォーカス・リーディング『1 冊 10 分』のスピードで、10 倍の効果を出すいいとこどり読書術」寺田昌嗣　PHP 2008 年
272「速読の技術」佐々木豊文　アスカ　2018 年
273「1 日 5 分で身につくデキる人の速読術」(Kindle) 金指義孝　ハートランドブックス　2013 年
274「速読より 10 倍速い！ワンミニッツリーディング」(Kindle) 石井貴士　ココロ・シンデレラ　2015 年
275「脳を鋭くする知られざる速読記憶法」(Kindle) 藤本憲幸　パンローリング　2017 年
276「本は誰でも 5 分で読める」(Kindle) 保田誠 電子書籍出版 2016 年
277「速読テクニック 効果的に読むために」(Kindle) 北野宏　2020 年
278「超効率速読術」(Kindle) 渡辺　ハウプラス　2020 年
279「超速読　遅読家の僕でも 10 倍速く読めるようになった科学的に正しい読書術」(Kindle) shoya 副業ラボ 2020 年
280「速読術の使い方」(Kindle) 本のむし 2020 年
281「速読を諦めた人が読む速読の本」(Kindle) 玉井幸助　2018 年
282「速読超入門 一瞬にして読書スピードが3倍になるコツ」(Kindle) 吉田晋作 2020 年
283「年収が 10 倍になる速読トレーニング」(Kindle) 苫米地英人　コグニティリサーチラボ　2013 年
284「速読のすべて」(Kindle) 徳永基　22 世紀アート　2018 年
285「忙しくても面倒臭がり屋でも上達する速読術」(Kindle) 藤林源　2014 年
286「速読ができるようになりたいときに読む本」(Kindle) 遠藤縁吉　日本人間関係総合研究所出版　2019 年
287「人生の生産性を劇的に上げる速読思考」(Kindle) 千晴　今福出版 2019 年
288「速読マスターへの道」(Kindle) MAJIMA KEN 2020 年
289「読書の王様 今身につけたい一日三冊読む技術」(Kindle) 森政敏 森法務行政書士事務所 2014 年
290「キンドル EASY 速読法」(Kindle) フガフガフーガ　ブーブーブック 2017 年
291「脳力アップ！1 秒間速読練習帳」(Kindle) 椋木修三　パンローリング 2016 年
292「一冊 20 分で読めるようになる速読術」(Kindle) 川村明宏　ワールドジニアスセンター　2013 年
293「人生を拡大する読書法 元読書嫌いの僕がどうやって速読を習得したのか？」(Kindle) 神山ケイ 2020 年
294「反速読術 ちまたの速読術を斬る！」(Kindle) 藤本泰久 2019 年
295「速読トレーニングマニュアル 1 日 10 分！家で簡単に出来るトレーニング」(Kindle) ホンダトヨタ　2017 年
296「速読力」(Kindle) 翔太　2016 年
297「低所得サラリーマンの速読修得記 誰でも持てる強力な武器『速読』をぜひあなたも持とう！」(Kindle) 夢を見るリーマン　2016 年
298「速読モンスター」(Kindle) ブックスはつね　2017 年
299「速読を覚えて色々捗った」(Kindle) 出流　2017 年
300「脳が目覚めるスピードリーディング」(Kindle) 千成一勲　2019 年
☆番外編「読んでない本について堂々と語る方法」ピエール・バイヤール　筑摩書房　2008 年

236「速読×記憶術トレーニング」川村明宏・川村真矢 日本実業出版社 2015年
237「あなたも一週間で実感 速読の達人」堀川直人　幻冬舎　2011年
238「一分間速読法」石井貴士　フォレスト出版　2013年
239「本当に頭がよくなる一分間読書法」石井貴士 SoftbankCreative 2015年
240「超右脳速読法」七田眞 KKロングセラーズ 2004年
241「頭がよくなる速読術」川村明宏・若桜木虔　日本実業出版社　2002年
242「頭がよくなる速読術」栗田昌裕　中経出版　2010年
243「1日10分速読トレーニング」角田和将　JMAM 2014年
244「速読みのし方で『脳』が鋭くなる」佐藤泰正 青春出版社 1997年
245「A6ノートで読書を超速化しなさい」松宮義仁　2009年
246「10日間で完全マスター 実践・速読術」小磯菊一郎　日東書院　1988年
247「超一流の人がやっているフォトリーディング速読勉強法」山口佐貴子 かんき出版 2013年
248「即席速読術」速水隆志 インデックス・コミュニケーションズ 2005年
249「スマート読書入門」まつもとあつし　技術評論社　2011年
250「ビジネスマンのSUPER速読術」加古徳次 オーエス出版社 1985年
251「速読の技術」徳永基　アスカ　1993年
252「世界一の青木さん母娘の速読術」山下隆弘　AA出版　1991年
253「実践ひらがな速読法」吉岡節夫　グッドタイム出版　2012年
254「非常識な速読術」わらし仙人　ゴマブックス　2007年
○ 255「王様の速読術」斉藤英治　ダイヤモンド社　2006年
256「齋藤孝の速読塾」齋藤孝　筑摩書房　2006年
257「賢人の読書術」成毛眞・松山真之助・藤井孝一・中島孝志・平野啓一郎　幻冬舎　2013年
258「人生を変える速読法『GSR』」ジェネラティブスピードリーディング協会 きずな出版 2019年
○ 259「どんな本でも大量に読める『速読』の本」宇津出雅巳 大和書房 2011年
260「9マス速読法」渡辺英夫　かんき出版　2007年
261「10分もいらない！3分間速読」台夕起子　ビジネス社　2002年
262「一生つかえる速読力が3週間で身につく本」安藤一郎　アスカ　2012年
263「速読・速考・速発信の技術」斉藤英治　東京書籍　2002年
264「速読法 情報化社会へのパスポート」佐藤泰正　旺文社　1969年
265「プルーストとイカ 読書は脳をどのように変えるのか?」メアリアン・ウルフ インターシフト 2008年
266「立花式読書論、読書術、書斎術 ぼくはこんな本を読んできた」立花隆 文芸春秋 1995年
○ 267「アウトプット速読法」小田全宏　SoftbankCreative　2013年
268「超速読日本史・世界史知られざる受験勉強法」川村明宏・若桜木虔・福山克一郎　文化創作出版　1990年
269「超速読 古文知られざる受験勉強法 ズバリ、古文この急所をつかめ！」
川村明宏・稲村徳・若桜木虔　文化創作出版　1990年

素晴らしい☆　特によかった◎　よかった○

あとがき

「日本唯一の速読芸人」が書いた速読本、いかがだったでしょうか？

本当に、私は心から、この本を読んだ皆さんには速読できるようになって欲しいと思います。本当に本気です。

実は、初めて速読本を書くにあたって、結構執筆に時間がかかりました。

「読むのは速いのに、書くのは遅いのかよ！」というツッコミが入りそうですが、結構苦労しました。

私は今まで、いろいろな本を「この本は一分だな」とか、「秒速で読めますよ」などと周りに嘯《うそぶ》いてきましたが、初めて「書く側」に立って分かったことは、「書く方には凄まじい労力がかかってるんだな」ってことです。

ただ、私は速読肯定派である以上、この本も一分で読めるようになっていただきたい。そこだけはブレません（多少のジレンマは感じますが）。

しかし、何回も何回も、手垢がついて装丁がボロボロになって内容を暗唱できるまで、繰り返して読んで欲しいと思います。

あとがき

本は何回読んでもいいですからね。

とにかく、この本は自信を持って言える私の処女作です。

この本を書くにあたっていろいろな人の助けがありました。

本の書き方のアドバイスしてくださった先輩芸人のなべやかんさん、折に触れては「本の執筆は進んでいるか？」と声をかけてくださった米粒写経の居島一平さん、出版のきっかけを作ってくださった中沢将行さん、とても感謝しています。

そして、この本は、6年前に亡くなった漫才コンビ「ルサンチマン」の相方、ルサンチマン吉尾にも捧げたいと思います。

ありがとうございました。

２０２１年2月吉日　東京・中野坂上の自宅にて

ルサンチマン　浅川

平成出版 について

本書を発行した平成出版は、基本的な出版ポリシーとして、自分の主張を知ってもらいたい人々、世の中の新しい動きに注目する人々、起業家や新ジャンルに挑戦する経営者、専門家、クリエイターの皆さまの味方でありたいと願っています。

代表・須田早は、あらゆる出版に関する職務（編集、営業、広告、総務、財務、印刷管理、経営、ライター、フリー編集者、カメラマン、プロデューサーなど）を 経験してきました。そして、従来の出版の殻を打ち破ることが、未来の日本の繁栄につながると信じています。

志のある人を、広く世の中に知らしめるように、商業出版として新しい出版方式を実践しつつ「読者が求める本」を提供していきます。出版について、知りたいことやわからないことがありましたら、お気軽にメールをお寄せください。


book@syuppan.jp 平成出版 編集部一同

ISBN978-4-434-28686-5 C0037

日本唯一の速読芸人ルサンチマン浅川が書いた！

誰でも速読ができるようになる本

令和３年（2021）３月 16 日 第１刷発行

著　者　ルサンチマン 浅川

発行人　須 田 早

発　行　平成出版 株式会社

〒 104-0061 東京都中央区銀座７丁目 13 番５号
ＮＲＥＧ銀座ビル１階
経営サポート部／東京都港区赤坂８丁目
TEL 03-3408-8300　FAX 03-3746-1588
平成出版ホームページ https://syuppan.jp
メール : book@syuppan.jp

© Rusanchiman Asakawa, Heisei Publishing Inc. 2021 Printed in Japan

発　売　株式会社 星雲社（共同出版社・流通責任出版社）
〒 112-0005 東京都文京区水道 1-3-30
TEL 03-3868-3275　FAX 03-3868-6588

編集協力／安田京祐、大井恵次、中沢将行
写真提供／㈱ ワイエムエヌ
イラスト／イラスト AC、かもめとデザイン
制作協力／表紙デザイン・本文 DTP ― P デザイン・オフィス
印　　刷／㈱ ウイル・コーポレーション

※定価（本体価格＋消費税）は、表紙カバーに表示してあります。
※本書の一部あるいは全部を、無断で複写・複製・転載することは禁じられております。
※インターネット（Web サイト）、スマートフォン（アプリ）、電子書籍などの電子メディアにおける無断転載もこれに準じます。
※転載を希望される場合は、平成出版または著者までご連絡のうえ、必ず承認を受けてください。
※ただし、本の紹介や合計３行程度までの引用はこの限りではありません。出典の本の書名と平成出版発行をご明記いただくことを条件に、自由に行っていただけます。
※本文中のデザイン・写真・画像・イラストはいっさい引用できませんが、表紙カバーの表１部分は、Amazon と同様に本の紹介に使う事が可能です。